Die Neuerungen

der

Novelle zur Civilprozeßordnung

vom 1. Juni 1909

als Nachtrag
zur 12./13. Auflage des Reichs-Civilprozesses

von

Hermann Fitting

Berlin 1909
J. Guttentag, Verlagsbuchhandlung
G. m. b. H.

Umfassende und tief eingreifende Änderungen erfährt das Reichs-Civilprozeßrecht durch das Gesetz, betreffend Änderungen des Gerichtsverfassungsgesetzes, der Zivilprozeßordnung, des Gerichtskostengesetzes und der Gebührenordnung für Rechtsanwälte, vom 1. Juni 1909 (RGB. S. 475ff.), das nach Art. VII am 1. April 1910 in Kraft tritt (in der Folge kurz als „Novelle" bezeichnet). Sie bestehen vornehmlich in der Erhöhung der sachlichen Zuständigkeit der Amtsgerichte von 300 auf 600 Mark und in einer grundsätzlichen Umgestaltung des amtsgerichtlichen Verfahrens, beschränken sich aber nicht auf dieses Gebiet und sind zum Teil von ganz allgemeiner Bedeutung. Sie sollen hier als Nachtrag zu der 12./13. Auflage des „Reichs-Civilprozesses" und im Anschlusse an die darin befolgte äußere Anordnung dargelegt werden, so daß bei stetiger Mitbenutzung des Nachtrages jene Auflage auch in Zukunft brauchbar bleibt.[1] Da er aber die neueste

[1] In den Gesetzescitaten sind diejenigen Paragraphen der in der Überschrift der Novelle genannten Gesetze, welche durch die Novelle neu eingefügt sind oder irgend eine veränderte Fassung oder auch nur eine veränderte Zahl erhalten haben, durch den Beisatz n. F. (d. h. neue Fassung) kenntlich gemacht. Die Paragraphen, die ihre jetzige Fassung dem Gesetze, betr. Änderungen der Zivilprozeßordnung, vom 5. Juni 1905 verdanken, sind durch den Beisatz 05 bezeichnet, wie z. B. § 553 CP.05. „Begr." bedeutet die Begründung des Entwurfes der Novelle von 1909, „KBer." den über diesen Entwurf erstatteten Bericht der 30. Kommission des Reichstages. Die citierten Paragraphen- und Seitenzahlen gehen auf die genannte 12./13. Auflage des Lehrbuches.

Gestalt des Reichs-Civilprozeßrechtes zeigen soll, so muß darin auch, und zwar zunächst zu

§ 4

III. Anm. 6 (S. 20) auf das neue sog. Haager „Abkommen über den Zivilprozeß" vom 17. Juli 1905 hingewiesen werden, das vom Reichskanzler unter dem 24. April 1909 in Nr. 23 (S. 409 ff.) des Reichsgesetzblattes von 1909 bekannt gemacht, laut dieser Bekanntmachung von Deutschland, Österreich, Ungarn, Belgien, Dänemark, Spanien, Frankreich, Italien, Norwegen, den Niederlanden, Portugal, Rumänien, Rußland, Schweden und der Schweiz ratifiziert worden und am 27. April 1909 an Stelle des früheren Haager Abkommens vom 14. November 1896 und des Zusatzprotokolls vom 22. Mai 1897 in Kraft getreten ist. Gleichzeitig ist in Kraft getreten das in derselben Nummer des Reichsgesetzblattes (S. 430 ff.) enthaltene Gesetz vom 5. April 1909 zur Ausführung des genannten neuen Abkommens. Abkommen und Gesetz betreffen

I. die Mitteilung gerichtlicher und außergerichtlicher Urkunden (Art. 1—7 Abk., § 1, 2 G.),
II. die Ersuchungsschreiben (Art. 8—16 Abk., § 3, 4 G.),
III. die Sicherheitsleistung für die Prozeßkosten (Art. 17 bis 19 Abk., § 5—9 G.),
IV. das Armenrecht (Art. 20—23 Abk.),
V. die Personalhaft (Art. 24 Abk.).

Bei allen diesen Lehren wird auf die vereinbarten Bestimmungen zurückzukommen sein.

Zu Anm. 7 (S. 20) vgl. Art. 14 des Abkommens.

IV. a. E. (S. 21). Art. IX der Novelle enthält folgende Übergangsbestimmungen:

1) Eine zur Zeit des Inkrafttretens der Novelle laufende Frist wird nach den bisherigen Vorschriften berechnet.

2) Die Frist zur Einlegung des Einspruches gegen ein Versäumnisurteil oder einen Vollstreckungsbefehl richtet sich nach den bisherigen Vorschriften, wenn das Versäumnisurteil oder der Vollstreckungsbefehl vor dem Inkrafttreten der Novelle erlassen ist.

§ 8 (S. 28).

Nach § 71, 100a n. F. GV. sind die Kammern für Handelssachen der Landgerichte nicht mehr bloß Gerichte erster Instanz, sondern sie sind anstatt der Civilkammern auch Gerichte zweiter Instanz (Berufungs- und Beschwerdegerichte) in den vor den Amtsgerichten verhandelten „Handelssachen" (s. unt. zu § 10).

§ 9 (S. 31).

Nach Art. 11 des Haager Abkommens (s. ob. zu § 4) sind die Gerichtsbehörden eines jeden Vertragsstaates verpflichtet, dem Ersuchen der Gerichtsbehörden eines anderen Vertragsstaates um Rechtshilfe zu entsprechen. Auch sind im Verkehr zwischen den Vertragsstaaten diese Ersuchen sehr erleichtert, besonders dadurch, daß nach Art. 9 als Regel die Ersuchungsschreiben durch den Konsul des ersuchenden Staates der von dem ersuchten Staate bezeichneten Behörde übermittelt werden. Nach § 3 des Ausführungsgesetzes ist innerhalb des Reiches für die Entgegennahme der durch einen ausländischen Konsul übermittelten Ersuchungsschreiben der Präsident des Landgerichtes zuständig, in dessen Bezirke die Erledigung des Gesuches erfolgen soll. Für die Erledigung selbst ist das Amtsgericht zuständig, in dessen Bezirke die Amtshandlung vorgenommen werden soll. S. über das Ganze Art. 8—16 Abk., § 3, 4 AusfG.

§ 10.

I. (S. 32). Durch die Novelle ist der Geschäftskreis der Gerichtsschreiber erheblich erweitert. Namentlich haben sie nach § 104, 107 n. F. CP. im Kostenfestsetzungsverfahren über das Festsetzungsgesuch, und zwar durch „Beschluß", zu entscheiden (s. unt. zu § 130 VIII) und nach § 699 n. F. CP. im Mahnverfahren den Vollstrekkungsbefehl zu erlassen (s. unt. zu § 88 VI).

II. III. (S. 33). Nach § 58 Abs. 2 n. F. GV. kann ein Mitglied eines Landgerichtes im Bezirke dieses Gerichtes gleichzeitig Amtsrichter sein.

§ 13.

I. A. (S. 46). Die sachliche Zuständigkeit der Amtsgerichte erstreckt sich nach § 23 Nr. 1 n. F. GV. auf alle Streitigkeiten über vermögensrechtliche Ansprüche, deren Gegenstand den Wert von sechshundert Mark (statt bisher 300 Mark) nicht übersteigt, soweit sie nicht ohne Rücksicht auf den Wert des Streitgegenstandes den Landgerichten zugewiesen sind.

B. (S. 48). Auch hier ist demnach statt 300 Mark zu setzen 600 Mark.

(S. 49). Die Kammern für Handelssachen der Landgerichte sind, wie bereits zu § 8 gesagt, laut § 71, 100a n. F. GV. in allen „Handelssachen", die an das Landgericht gelangen, zur Verhandlung und Entscheidung berufen, und zwar nicht mehr bloß, wie bisher, in erster, sondern auch in zweiter Instanz. Der gesetzliche Begriff der Handelssachen ist in § 101 Nr. 3 e n. F. GV. verengert durch die Streichung der Rechtsstreitigkeiten zwischen dem Prokuristen, Handlungsbevollmächtigten, Handlungsgehilfen oder Handlungslehrling und dem Inhaber des Handelsgeschäftes mit Rücksicht darauf, daß dafür in erster Instanz die Kaufmannsgerichte zuständig sind. Die Beifügung der neuen Nrn. 4, 5, 6 entspricht den S. 49 Anm. 12 angeführten Gesetzen.

Auf das Verfahren in Handelssachen in der Berufungsinstanz sind nach § 105a n. F. GV. die S. 49 angedeuteten Vorschriften der § 102—105 GV. entsprechend anzuwenden. Die § 106, 107 GV. greifen nach ihrer allgemeinen Fassung unmittelbar ein. Demnach kommt auch in der Berufungsinstanz, wenn nicht der Berufungskläger in der Berufungsschrift die Verhandlung vor der Kammer f. H. beantragt hat, die Sache immer zunächst an die Civilkammer, und diese darf sie an die Kammer f. H. nur dann verweisen, wenn der Berufungsbeklagte vor seinem Eintritte in die Verhandlung zur Sache darauf anträgt. Dagegen kann die Kammer f. H. eine Sache, die nicht zu den Handelssachen gehört, auch in der Berufungsinstanz von Amtswegen an die Civilkammer verweisen. Wird als Beschwerdegericht die Kammer f. H. in einer Sache, die nicht zu den Handelssachen gehört, oder die Civilkammer in einer Handelssache mit einer Beschwerde befaßt, sei es, daß diese bei der Kammer eingelegt oder von dem Amtsgerichte der Kammer vorgelegt ist (s. § 569 Abs. 1 CP.), so ist nach § 108a Abs. 1 n. F. GV. die Beschwerde von Amtswegen dort an die Civilkammer, hier an die Kammer f. H. zu verweisen. Der Verweisungsbeschluß ist unanfechtbar und für die andere Kammer bindend. Da jedoch nach § 105a n. F. GV. nicht ausgeschlossen ist, daß in zweiter Instanz, ebenso wie nach § 103, 104, 105 GV. in erster, über eine Handelssache von der Civilkammer oder umgekehrt über eine Sache, die nicht zu den Handelssachen gehört, von der Kammer f. H. verhandelt und entschieden wird, so ist nach § 108a Abs. 2 n. F. GV. eine Verweisung der Beschwerde an eine andere Kammer unstatthaft, wenn bei der mit der Beschwerde befaßten Kammer die Hauptsache anhängig ist, oder diese Kammer bereits eine Entscheidung in der Hauptsache erlassen hat.

Die nur für die erste Instanz passende Vorschrift in § 109 Abs. 3 GV. ist durch die neue Fassung des Abs. 3 ausdrücklich auf diese beschränkt.

§ 18 (S. 66 fg.).

Der Kreis der Feriensachen ist erweitert dadurch, daß in § 202 Abs. 2 Nr. 4a n. F. GV. statt der in § 3 Abs. 1 Nr. 1, 2 des Gewerbegerichtsgesetzes vom 29. Juli 1890 bezeichneten die in § 4 Abs. 1 Nr. 1—4 dieses Gesetzes in seiner neuen Fassung (RGB. 1901 S. 353) bezeichneten Streitigkeiten genannt und die in § 5 Nr. 1—4 des Kaufmannsgerichtsgesetzes vom 6. Juli 1904 bezeichneten hinzugefügt, desgleichen in Nr. 4b die Ansprüche aus dem außerehelichen Beischlafe hinzugefügt sind. Ferner haben nach § 202 Abs. 3 n. F. GV. die Amtsgerichte auf Antrag (Gesuch) auch jede andere Sache als Feriensache zu bezeichnen; dieser Beschluß ist jedoch aufzuheben, wenn die Sache streitig wird, es wäre denn, daß sie besonderer Beschleunigung bedarf. Im Verfahren vor den Landgerichten und anderen Kollegialgerichten soll nach § 202 Abs. 4 n. F. GV. das Gericht auf Antrag (Gesuch) auch andere als die unter Abs. 2 fallenden Sachen als Feriensachen bezeichnen, soweit sie besonderer Beschleunigung bedürfen. Auch der Vorsitzende kann das, jedoch nur mit Vorbehalt der Entscheidung des Gerichtes.

Nach § 204 n. F. GV. sind die Ferien auch auf das Kostenfestsetzungsverfahren ohne Einfluß.

§ 21 (S. 75 fg.).

Die Gebührenordnung für Rechtsanwälte hat durch Art. IV der Novelle zahlreiche und wichtige Änderungen erfahren. Insbesondere erhält nach § 76 n. F. RAGeb. der Rechtsanwalt jetzt auch für die Herstellung des Schreibwerkes sowie zum Ersatze der Postgebühren seiner Sendungen bestimmte Pauschsätze, woneben ihm in einigen besonderen Fällen auch noch Schreibgebühren nach Maßgabe des § 80 GK. zustehen.

Die bisher nach § 18 RAGeb. unter gewissen Voraussetzungen eintretende Verringerung der Vergleichsgebühr, worauf S. 76 Anm. 12 hingewiesen ist, fällt nach der Novelle zufolge Beseitigung des § 18 RAGeb. weg.

Nach § 52 n. F. RAGeb. erhöhen sich in der Berufungs- und in der Revisionsinstanz die Gebührensätze um drei Zehnteile.

§ 26 II. **Anm.** 10 (S. 99), V. **Anm.** 31 (S. 104).

Zur Verhütung einer Umgehung der Vorschrift in § 157 Abs. 1 n. F. CP., wonach das Gericht, mit Vorbehalt der in Abs. 4 bezeichneten Ausnahmen, Bevollmächtigte und Beistände zurückweisen kann, die das mündliche Verhandeln vor Gericht geschäftsmäßig betreiben, kann es nach § 157 Abs. 2 n. F. CP., mit Ausnahme der Rechtsanwälte und ihrer rechtskundigen Stellvertreter (§ 25 Abs. 3 RAO.), einer Person, die das mündliche Verhandeln vor Gericht geschäftsmäßig betreibt, den mündlichen Vortrag untersagen, wenn sie als Partei einen ihr abgetretenen Anspruch geltend macht, ihr aber nach der Überzeugung des Gerichtes der Anspruch abgetreten ist, um eine Zurückweisung auf Grund der Vorschrift des Abs. 1 zu vermeiden.

Ferner soll nach § 157 Abs. 4 n. F. CP. für Gerichte, bei denen zur Vertretung der Parteien durch Rechtsanwälte ausreichende Gelegenheit geboten ist, die Justizverwaltung anderen Personen (sog. Rechtskonsulenten) das mündliche Verhandeln vor Gericht nicht gestatten.

§ 27 Nr. 3 (S. 106fg.).

Der Prozeßbetrieb durch die Parteien ist durch die Novelle noch weit mehr als bisher eingeschränkt und durch § 496 Abs. 1, 497 n. F. CP. für das amtsgerichtliche Verfahren bis zur Erlassung des Urteils zu Gunsten des Amtsbetriebes gänzlich beseitigt. S. auch noch § 141 Abs. 2, 296 Abs. 2, 501 Abs. 3; 340, 340a; 518, 520 n. F. CP., § 555 Abs. 1 CP.05.

§ 28 II. (S. 108ff.).

Auch der Grundsatz der Mündlichkeit ist durch die Novelle stark abgeschwächt. Im amtsgerichtlichen Verfahren ist nach § 502 Abs. 2 n. F. CP. statt des mündlichen Vortrages eine Bezugnahme auf Schriftstücke zulässig, soweit keine der Parteien widerspricht und das Gericht sie für angemessen hält, und auch im Anwaltsprozesse kann nach § 297 Abs. 4 n. F. CP. wenigstens die Verlesung der Anträge durch eine Bezugnahme auf die Schriftsätze, worin sie enthalten sind, ersetzt werden, soweit das Gericht das für ausreichend erachtet.

§ 32 I. (S. 124 fg.).

Die Entscheidungen des Gerichtsschreibers spielen nach der Novelle eine viel größere Rolle als nach dem bisherigen Prozeßrechte. S. ob. zu § 10. Auch wird seine Entscheidung über das Kostenfestsetzungsgesuch in § 104 Abs. 3, 105 Abs. 1, 794 Nr. 2a, 795a n. F. CP. ausdrücklich als „Beschluß" bezeichnet, während die Civilprozeßordnung bisher nur von Beschlüssen des Gerichtes redete.

§ 33.

II. (S. 133). Die Vorschrift des § 176 CP., wonach Zustellungen in einem anhängigen Rechtsstreite an den für die Instanz bestellten Prozeßbevollmächtigten gerichtet werden müssen, erleidet nach § 141 Abs. 2, 296 Abs. 2, 501 Abs. 3 n. F. CP. Ausnahmen in den Fällen, in denen vom Gerichte das persönliche Erscheinen einer Partei angeordnet ist. S. unt. zu § 41 II.

(S. 134 fg.). Nach § 518 Abs. 1, 520 n. F. CP., § 553 Abs. 1, 553a Abs. 2 CP.05 erfolgt die Einlegung der Berufung und der Revision nicht mehr durch Zustellung eines Schriftsatzes, sondern durch Einreichung der Berufungsschrift bei dem Berufungsgerichte, bezw. der Revisionsschrift bei dem Revisionsgerichte. Die Schrift ist dann der Gegenpartei von Amtswegen zuzustellen. Zufolge dieser Änderung ist § 179 CP. in der Novelle gestrichen; für jene Zustellung von Amtswegen sind aber in § 210a n. F. CP. entsprechende Vorschriften gegeben.

III. B. (S. 139). Die Zustellungen von Amtswegen geschehen nach § 80a n. F. GK. gebührenfrei, und auch an baren Auslagen werden nur diejenigen erhoben, welche durch die Zustellung im Auslande oder bei der öffentlichen Zustellung durch Bekanntmachung in öffentlichen Blättern entstehen.

Zustellungen von Amtswegen können im amtsgerichtlichen Verfahren nach § 496 Abs. 4 n. F. CP. auch von Gericht zu Anwalt erfolgen. Ist nämlich die Zustellung für eine Partei bestimmt, die durch einen Anwalt vertreten ist, so genügt (entspr. § 198 Abs. 2 CP.) zum Nachweise der Zustellung das mit Datum und Unterschrift versehene schriftliche Empfangsbekenntnis dieses Anwaltes. Dagegen sind im amtsgerichtlichen Verfahren zufolge der Einführung des Amtsbetriebes (s. ob. zu § 27) die Zustellungen von Anwalt zu Anwalt weggefallen.

IV. Anm. 44 (S. 143). Nach Art. 1—7 des Haager Abkommens (s. ob. zu § 4) sind innerhalb der Vertragsstaaten die Zustellungen erleichtert, besonders dadurch, daß sie nach Art. 1 als Regel auf einen Antrag geschehen, der von dem Konsul des ersuchenden Staates an die von dem ersuchten Staate bezeichnete Behörde gerichtet wird. Nach § 1 des Ausführungsgesetzes ist im Deutschen Reiche diese Behörde der Präsident des Landgerichtes, in dessen Bezirke die Zustellung erfolgen soll. Für die Besorgung der Zustellung ist der Gerichtsschreiber des Amtsgerichtes zuständig, in dessen Bezirke die Zustellung zu bewirken ist.

§ 34.

I. (S. 146). Im Verfahren vor den Amtsgerichten finden wegen des für dieses Verfahren eingeführten Amtsbetriebes (s. ob. zu § 27) nach § 497 Abs. 1 n. F. CP. Ladungen durch die Parteien nicht mehr statt. Die Termine werden von Amtswegen bestimmt, und dann die Parteien durch den Gerichtsschreiber von Amtswegen zu dem Termin geladen.

(S. 147). Weil nach § 518, 520 n. F. CP. bei der Einlegung der Berufung der Berufungsbeklagte nicht mehr zur mündlichen Verhandlung über die Berufung geladen, sondern ihm lediglich die Berufungsschrift unter Bekanntmachung des zur mündlichen Verhandlung bestimmten Termins von Amtswegen zugestellt wird, so fällt hier auch die durch § 215 CP. vorgeschriebene Aufforderung zur Anwaltsbestellung weg. Entsprechend soll aber nach § 520 Abs. 1 Satz 4 n. F. CP. der Berufungsbeklagte in jener Bekanntmachung, wenn die Zustellung nicht an einen Rechtsanwalt geschieht, auf die Notwendigkeit der Bestellung eines bei dem Berufungsgerichte zugelassenen Anwaltes hingewiesen werden. Wegen Gleichheit des Grundes wird dieses auch auf die Revisionsinstanz anzuwenden sein.

II. (S. 147 fg.). Die hier entwickelten Sätze sind nach der Novelle für das amtsgerichtliche Verfahren um deswillen nicht mehr zutreffend, weil darin keine Parteiladungen mehr erfolgen. Auch die Einlegung des Einspruches, der Berufung und der Revision geschieht nach § 340, 518 n. F. CP. und § 553 CP.05 nicht mehr durch Parteiladung. Immerhin hat nach § 218 n. F. CP., abgesehen von dem Fall des § 141 Abs. 2, 296 Abs. 2, 501 Abs. 3 n. F. CP. (s. unt. zu § 41 II.), der Satz seine allgemeine Geltung behalten, daß zu Terminen, die in verkündeten Entscheidungen bestimmt sind, eine Ladung der Parteien nicht erforderlich ist.

III. (S. 149). In der Berufungsinstanz und Revisionsinstanz läuft nach § 520 Abs. 2 n. F. CP. und § 555 Abs. 2 CP.05 die Einlassungsfrist von dem Zeitpunkte der Bekanntmachung des Termins zur mündlichen Verhandlung über die Berufung bezw. Revision. Entsprechend muß dieses im Hinblick auf § 340, 340a n. F. CP. verglichen mit der alten Fassung des § 340 CP. bei dem Einspruche bezüglich der Ladungsfrist (§ 217 CP.) gelten.

§ 35 II. (S. 150).

Nach der Novelle kann auch der Gerichtsschreiber von ihm abzuhaltende Termine bestimmen. Dies erhellt daraus, daß er nach § 104 Abs. 1 n. F. CP. über das Kostenfestsetzungsgesuch entscheidet und zu diesem Zwecke (laut Begr.) erforderlichenfalls eine Beweisaufnahme anordnen kann.

§ 36 II. Nr. 1 (S. 155).

Dem Fall des § 555 Abs. 2 CP.05 ist jetzt auch derjenige des § 520 Abs. 2 n. F. CP. und entsprechend derjenige des § 340a n. F. CP. beizufügen. S. ob. zu § 34 III.

§ 37.

I. Anm. 7 (S. 159). Statt § 507 CP. ist jetzt § 510 n. F. CP. zu setzen.

II. (S. 161ff.). Die Vorschriften über die Wiedereinsetzung in den vorigen Stand sind durch die Novelle stark beeinflußt. So ist der S. 162 Nr. 2 bezeichnete Wiedereinsetzungsfall durch Streichung des § 235 Abs. 2 CP. beseitigt, weil jetzt der Einspruch, die Berufung und die Revision nicht mehr durch Zustellung eines Schriftsatzes, sondern durch Einreichung der Einspruchsschrift, Berufungsschrift, Revisionsschrift bei Gericht eingelegt werden.[1] Diese Änderungen brachten zufolge des S. 163fg. dargelegten Wesens der Wiedereinsetzung für die Fälle der Versäumung

[1] Da aber die ebenfalls an Notfristen gebundenen Wiederaufnahmeklagen nach wie vor durch Zustellung einer Klage erhoben werden, so war wegen § 176, 178 CP. durch die genannten Änderungen § 235 Abs. 2 CP. doch noch nicht ganz gegenstandslos geworden.

der Einspruchsfrist oder Berufungsfrist von selbst auch eine (für die Revision schon bisher aus § 553 CP.05 folgende) andere Form des Antrages auf Wiedereinsetzung mit sich, nämlich statt der Zustellung des den Antrag enthaltenden Schriftsatzes die Einreichung dieses Schriftsatzes bei Gericht. Sie ist in § 236 Abs. 1 n. F. CP. zur Anerkennung gelangt durch die Aufstellung des (S. 164 ausgesprochenen) allgemeinen Grundsatzes, daß sich die Form des Antrages auf Wiedereinsetzung nach den Vorschriften richtet, welche für die versäumte Prozeßhandlung gelten. Im Fall der Versäumung der in § 466 CP. bezeichneten Notfrist (s. § 66 bei Anm. 33 ff.) ist demgemäß der Antrag auf Wiedereinsetzung und Abnahme des Eides bei Gericht einzureichen, und zwar nach § 236 Abs. 2 n. F. CP. stets bei dem Prozeßgerichte, auch wenn die Abnahme des Eides durch einen beauftragten oder ersuchten Richter erfolgen sollte. Nach § 238 Abs. 4 n. F. CP. ist in diesem Wiedereinsetzungsfall der Termin zur mündlichen Verhandlung vor dem Prozeßgerichte über die Zulässigkeit der Wiedereinsetzung von Amtswegen zu bestimmen und den Parteien bekannt zu machen. Sollte die Abnahme des Eides vor dem Prozeßgerichte selbst erfolgen, so ist der Termin zugleich zur nachträglichen Abnahme des Eides und zur weiteren mündlichen Verhandlung zu bestimmen.

§ 38 I. (S. 165).

Die hier bezeichnete Regel unterliegt nach der Novelle wegen der neuen Form der Einlegung des Einspruches, der Berufung und der Revision auch im Verfahren vor den Kollegialgerichten zahlreichen Ausnahmen. Ferner sind die Besonderheiten des amtsgerichtlichen Verfahrens stärker als bisher.

§ 39 III. a. E. (S. 171).

Nach § 496 Abs. 5 n. F. CP. kann im Parteiprozesse die formlose Mitteilung von Anträgen und Erklärungen nur auf Bestimmung des Gerichtes geschehen.

§ 40 III. (S. 175 ff.).

Im Anwaltsprozesse kann nach § 297 Abs. 4 n. F. CP. die Verlesung der Anträge durch eine Bezugnahme auf die Schriftsätze, worin sie enthalten sind, ersetzt werden, soweit das Gericht das für ausreichend erachtet, und im Parteiprozesse ist nach § 502 Abs. 2 n. F. CP. überhaupt statt des mündlichen Vortrages eine Bezugnahme auf Schriftstücke zulässig, soweit keine der Parteien widerspricht und das Gericht es für angemessen hält. S. ob. zu § 28 II.

Bezüglich der Zulässigkeit der Zurückweisung von Personen, die das mündliche Verhandeln vor Gericht geschäftsmäßig betreiben, s. ob. zu § 26.

§ 41 II. (S. 178 fg.).

Im Parteiprozesse ist in § 502 Abs. 1 n. F. CP. die Aufklärungspflicht des Gerichtes durch die Vorschrift erweitert, daß es in der mündlichen Verhandlung das Sach- und Streitverhältnis mit den Parteien zu erörtern, d. h. mittels Frage und Antwort in geeigneter Weise durchzusprechen hat.

Wird im Anwalts- oder Parteiprozesse das persönliche Erscheinen einer Partei angeordnet, so ist sie nach § 141 Abs. 2, 296 Abs. 2, 501 Abs. 3 n. F. CP. stets, auch wenn sie durch einen Prozeßbevollmächtigten vertreten und der Termin, in dem sie erscheinen soll, (etwa sogar in ihrem Beisein) verkündet ist, noch besonders von Amtswegen und durch Zustellung der Ladung an sie selbst zu laden.

Doch ist natürlich (und laut KBer.) allemal auch der Prozeßbevollmächtigte von der gerichtlichen Anordnung zu benachrichtigen.

§ 43 I.

(S. 186). Nach § 313 Abs. 3 n. F. CP. bedarf keines Tatbestandes ein Versäumnisurteil oder Anerkenntnisurteil, wodurch nach dem Antrage des Klägers erkannt wird, wenn es in abgekürzter Form auf die bei den Akten befindliche Urschrift oder Abschrift der Klage oder auf ein damit verbundenes Blatt gesetzt wird (s. unt. zu § 69 I). Der Inhalt der Klage muß dann für die schriftliche Feststellung des Sachverhaltes an die Stelle des Tatbestandes treten.

(S. 188). In Anm. 15 ist statt § 509 CP. jetzt § 510a n. F. CP. zu setzen.

§ 45 V. a. E. (S. 202).

Im Fall des § 251 Abs. 2 CP. ruht nach § 503 n. F. CP. im Parteiprozesse das Verfahren so lange, bis von einer Partei die Ansetzung eines neuen Verhandlungstermins bei dem Gerichte beantragt wird.

§ 47.

III. a. E. (S. 218). Eine den Vorschriften des § 255 CP. verwandte, aber noch weiter gehende Vorschrift gibt für das amtsgerichtliche Verfahren § 510b n. F. CP. Wird nämlich in diesem Verfahren der Beklagte zur Vornahme einer Handlung verurteilt, so kann er zugleich auf Antrag des Klägers für den Fall, daß die Handlung nicht innerhalb einer im Urteil bestimmten Frist vorgenommen ist, zur Zahlung einer Entschädigung verurteilt werden, die das Gericht nach freiem Ermessen festzusetzen hat. Diese Verurteilung zur Zahlung einer Entschädigung kann (laut

Begr.) nach Ermessen des Gerichtes unterbleiben, wie namentlich dann, wenn zur Feststellung des Schadens eine umfangreiche Beweisaufnahme erforderlich ist. Erfolgt sie, so ist nach § 888a n. F. CP. die Zwangsvollstreckung nach Maßgabe der § 887, 888 CP. ausgeschlossen.

VI. (S. 225). Im amtsgerichtlichen Verfahren geschieht zufolge § 496 Abs. 1, 2 n. F. CP. die Zurücknahme der Klage entweder durch Erklärung bei der mündlichen Verhandlung oder durch eine bei dem Gerichte schriftlich eingereichte oder mündlich zum Protokoll des Gerichtsschreibers abgegebene Erklärung, die dem Beklagten von Amtswegen zuzustellen ist.

§ 49 II. B. Nr. 1 (S. 234).

Die Abfassung der Anerkenntnisurteile ist erleichtert durch § 313 Abs. 3 n. F. CP. S. ob. zu § 43 I. und unt. zu § 69 I.

§ 51 IV. (S. 248).

Wird zum Zwecke eines Sühneversuches das persönliche Erscheinen der Parteien angeordnet, so sind diese nach § 296 Abs. 2 n. F. vbd. § 141 Abs. 2 n. F. CP. von Amtswegen durch Zustellung der Ladung an sie selbst zu laden. S. ob. zu § 41 II.

§ 54 I. (S. 265).

Über das Beweismittel der Einholung einer amtlichen Auskunft s. unt. zu § 63 IV.

§ 58 IV. (S. 288fg.).

Bezüglich der Beeidigung der Zeugen gibt die Novelle von dem bisherigen Rechte stark abweichende Vorschriften. Nach § 391 n. F. CP. ist als Regel jeder Zeuge zu beeidigen; die Parteien können jedoch auf die Beeidigung verzichten. Nach § 392 n. F. CP. geschieht die Beeidigung als sog. Nacheid, d. h. erst nach der Vernehmung, und die Eidesnorm geht dahin, „daß der Zeuge nach bestem Wissen die reine Wahrheit gesagt und nichts verschwiegen habe". Mehrere Zeugen können gleichzeitig beeidigt werden in der durch § 481 Abs. 3 n. F. CP. vorgeschriebenen Form.

Unbeeidigt sind außer den in § 393 Abs. 1 Nr. 1—3 CP. (S. 288 fg. Nr. 1—3) bezeichneten Personen nach Nr. 4 n. F. zu vernehmen

4) Personen, die ein rechtliches (wenn auch, z. B. als Rückgriffsverpflichtete, nur mittelbares) Interesse daran haben, daß in dem Rechtsstreite die eine Partei obsiege (vgl. § 66 Abs. 1 CP.), und Personen, die einen in dem Rechtsstreite geltend gemachten Anspruch übertragen haben, auch dann, wenn sie nicht zur Gewährleistung verpflichtet sind.

Nach § 393 Abs. 2 n. F. CP. kann jedoch das Prozeßgericht, wie schon bisher, die Beeidigung der unter Nr. 3 und 4 bezeichneten Personen anordnen.

§ 59.

III. (S. 295). Nach § 408 Abs. 3 n. F. CP. soll derjenige, welcher bei einer richterlichen Entscheidung mitgewirkt hat, über Fragen, die den Gegenstand der Entscheidung gebildet haben, nicht als Sachverständiger vernommen werden. So (laut KBer.) namentlich ein Beisitzer einer seeamtlichen Behörde nicht im Verfahren vor einem ordentlichen Gerichte über Fragen, bei deren Entscheidung er im Verfahren für die Untersuchung von Seeunfällen nach G. v. 27. Juli 1877 (RGB. S. 549) mitgewirkt hat.

IV. (S. 296). Nach § 410 Abs. 1 n. F. CP. kann ein Sachverständiger vor oder nach der Erstattung des Gutachtens beeidigt werden (bezw. nach Abs. 2 sich auf den für die Erstattung von Gutachten solcher Art im allgemeinen geleisteten Eid berufen).

§ 63 IV. (S. 313fg.).

Die neuerdings mehrfach aus § 432 CP. abgeleitete, aber nach der bisherigen Fassung der Civilprozeßordnung äußerst zweifelhafte Zulässigkeit der Einziehung amtlicher Auskünfte von öffentlichen Behörden oder öffentlichen Beamten als Beweismittel ist jetzt anerkannt durch § 501 Abs. 1 Nr. 3 n. F. CP.

§ 64 II. (S. 317fg.).

Durch die Novelle ist die regelmäßige Art der Eidesleistung geändert. Sie besteht nämlich nach § 481 Abs. 1 n. F. CP. darin, daß der Richter die Eidesnorm mit der (dem ersten Teil der Eidesformel im bisherigen weiteren Sinn[1] entsprechenden) „Eingangsformel": „Sie schwören bei Gott dem Allmächtigen und Allwissenden" vorspricht, und der Schwörende hierauf die Worte („Eidesformel" im engeren Sinn) spricht: „Ich schwöre es, so wahr mir Gott helfe". Er soll nach § 481 Abs. 2 n. F. CP. bei der Eidesleistung die rechte Hand erheben. Sollen mehrere Personen gleichzeitig einen Eid leisten, z. B. mehrere Zeugen den Zeugeneid, so wird nach § 481 Abs. 3 n. F. CP. die Eidesformel (im engeren Sinn) von jedem Schwurpflichtigen

[1] Dieser weitere Begriff der Eidesformel muß auch nach der Novelle festgehalten werden, weil in § 482 n. F. (bisher § 482 Abs. 3) und § 483 CP. das Wort „Eidesformel" nach wie vor in diesem weiteren Sinn zu verstehen ist.

einzeln gesprochen. Vgl. § 51 Abs. 2, 3 GV., § 288 Abs. 3, 4 StP.

§ 66 VI. Anm. 33 (S. 329).

Über die Wiedereinsetzung in den vorigen Stand gegen die in § 466 CP. bestimmte Notfrist s. ob. zu § 37 II.

§ 69.

I. (S. 341). Die Abfassung solcher Versäumnisurteile oder Anerkenntnisurteile, wodurch genau nach dem Antrage des Klägers erkannt wird, ist in § 313 Abs. 3 n. F. CP. durch die Vorschrift erleichtert, daß ein solches Urteil in abgekürzter Form, nämlich ohne die Bezeichnung der mitwirkenden Richter und ohne Beifügung von Tatbestand und Entscheidungsgründen, auf die bei den Gerichtsakten befindliche Urschrift oder Abschrift der Klage oder auf ein damit verbundenes Blatt gesetzt werden kann. Der Bezeichnung der Parteien, ihrer gesetzlichen Vertreter und der Prozeßbevollmächtigten bedarf es nur insoweit, als von den Angaben der Klageschrift abgewichen wird. In der Urteilsformel kann auf die Klageschrift Bezug genommen werden. Ein in dieser abgekürzten Form hergestelltes Urteil muß jedoch stets als Versäumnisurteil oder Anerkenntnisurteil ausdrücklich bezeichnet werden.

Demnach kann es (laut KBer.) in vielen Fällen genügen, daß auf die bei den Akten befindliche Klageschrift mit der Bezeichnung „Versäumnisurteil" oder „Anerkenntnisurteil" sowie (nach § 315 CP.) mit der Unterschrift der mitwirkenden Richter und mit der vom Gerichtsschreiber unterschriebenen Angabe des Tages der Verkündung der bloße, allenfalls durch Vordruck oder Stempelaufdruck hergestellte, Vermerk gesetzt wird, daß nach Antrag erkannt sei und der Beklagte die Prozeßkosten zu tragen habe.

Aus § 313 Abs. 3 n. F. CP. folgt von selbst, daß bei den nach Maßgabe dieser Vorschrift in abgekürzter Form hergestellten Urteilen der Mangel der Entscheidungsgründe kein Revisionsgrund nach § 551 Nr. 7 CP. ist.

II. (S. 342). Auf diese abgekürzten Urteile finden nach § 316 Abs. 3 n. F. CP. auch die Vorschriften in § 316 Abs. 1, 2 CP. keine Anwendung, weil bei ihnen eine Tatbestandsberichtigung (§ 320 CP.) nicht in Frage kommen kann.

Die Ausfertigung eines solchen Urteils erfolgt nach § 317 Abs. 4 n. F. CP. entweder in gleicher abgekürzter Form mit Benutzung einer von dem Gerichtsschreiber oder dem Rechtsanwalte des Klägers beglaubigten Abschrift der Klageschrift, oder in der Weise, daß das Urteil durch Aufnahme der in § 313 Abs. 1 Nr. 1, 2, 5 bezeichneten Angaben, also der Bezeichnung der Parteien, ihrer gesetzlichen Vertreter und der Prozeßbevollmächtigten, der Bezeichnung des Gerichtes und der Namen der mitwirkenden Richter, endlich der (vollständigen) Urteilsformel, vervollständigt wird.

Die Ausfertigung eines abgekürzten Versäumnisurteils oder Anerkenntnisurteils kann sonach (laut KBer.) dadurch hergestellt werden, daß der auf das bei den Gerichtsakten befindliche Exemplar der Klage gesetzte Urteilsvermerk auf ein anderes in der Hand des Klägers befindliches Klageexemplar übertragen wird, und zwar, wenn tunlich, sofort im Verhandlungstermin. Für eine in dieser Art hergestellte Ausfertigung sind nach § 79 Abs. 2 n. F. GK. keine Schreibgebühren zu entrichten.

§ 70 III. (S. 352).

Wegen der Zulässigkeit der Abfassung eines Anerkenntnisurteils in abgekürzter Form s. § 313 Abs. 3 n. F. CP. und ob. zu § 69 I.

§ 71 V. (S. 365 ff.).

Die Erteilung der Rechtskraftzeugnisse ist durch die Novelle erheblich erleichtert, weil Einspruch, Berufung und Revision nicht mehr durch Zustellung eines Schriftsatzes, sondern durch Einreichung eines solchen bei Gericht eingelegt werden (s. ob. zu § 37 II.). Soweit nämlich die Erteilung des Zeugnisses davon abhängt, daß gegen das Urteil ein Rechtsmittel nicht eingelegt ist, genügt nach § 706 Abs. 2 n. F. CP. ein Zeugnis des Gerichtsschreibers des für das Rechtsmittel zuständigen Gerichtes, daß innerhalb der Notfrist eine Rechtsmittelschrift nicht eingereicht sei. Entsprechend ist § 47 Nr. 16 GK. (s. Anm. 37) geändert. § 706 Abs. 3 CP. ist gestrichen.

§ 72 (S. 367 ff.).

Das Verfahren vor den Amtsgerichten ist durch die Novelle sehr stark verändert. Zwar ist der allgemeine Grundsatz des § 495 CP. in Kraft geblieben, wonach auf das Verfahren vor den Amtsgerichten die Vorschriften über das Verfahren vor den Landgerichten Anwendung finden, soweit sich nicht aus der anderen Verfassung der Amtsgerichte, aus dem Wegfall des Anwaltszwanges oder aus besonderen gesetzlichen Bestimmungen Abweichungen ergeben; allein diese Abweichungen sind jetzt ungleich größer und zahlreicher als bisher. Denn vor allem ist zur Beschleunigung und Verbilligung des amtsgerichtlichen Verfahrens nach dem Vorbilde des Verfahrens vor den Gewerbe- und Kaufmannsgerichten für das Verfahren bis zur Erlassung des Urteils anstatt des bisherigen Parteibetriebes der Amtsbetrieb eingeführt. Schon daraus folgen viele Besonderheiten. Außerdem aber ist auch noch durch mancherlei Einzelvorschriften das amtsgerichtliche Verfahren von dem

Verfahren vor den Landgerichten abweichend gestaltet. Alle diese Besonderheiten müssen, abgesehen von den S. 367 Anm. 1 vermerkten, die ihre Geltung behalten (nur daß in Anm. 1 a. E. statt § 509 CP. jetzt § 510a n. F. CP. zu setzen ist), nachstehend im Zusammenhange dargestellt werden, eine Darstellung, die an die Stelle der S. 368 bis 373 gegebenen tritt.

I. Alle Zustellungen erfolgen nach § 496 Abs. 1 n. F. CP. von Amtswegen (s. § 208—213 CP.) mit einziger Ausnahme der Zustellung der Urteile. Für diese (und ebenso nach der Begr. im Hinblick auf § 795 vbd. § 750 Abs. 1 CP. für vor dem Gericht abgeschlossene Vergleiche) verbleibt es nach § 317 Abs. 1 CP. bei der Zustellung auf Betreiben der Parteien. Die Zustellung eines Versäumnisurteils hat jedoch nach § 508 Abs. 1 n. F. CP. der Gerichtsschreiber für die Partei, die es erwirkt hat, auch ohne Auftrag zu besorgen, falls diese oder ihr Vertreter nicht erklärt hat, selbst einen Gerichtsvollzieher mit der Zustellung beauftragen zu wollen. (Vgl. S. 138.)

Die Zustellungen von Amtswegen sind im amtsgerichtlichen Verfahren dadurch erleichtert, daß sie (entsprechend der wegen des Amtsbetriebes hier unmöglichen Zustellung von Anwalt zu Anwalt) von Gericht zu Anwalt erfolgen können. Wird nämlich eine Partei durch einen Anwalt vertreten, so genügt nach § 496 Abs. 4 n. F. CP. zum Nachweise der Zustellung an diesen Anwalt sein mit Datum und Unterschrift versehenes schriftliches Empfangsbekenntnis. (S. ob. zu § 33 III. B.) Die Vorschriften der § 211, 212 CP. sind bei dieser Zustellungsart (laut Begr.) nicht anwendbar.

II. Weil die Zustellungen von Amtswegen erfolgen, so sind nach § 496 Abs. 2 n. F. CP. die Klage sowie alle sonstigen Anträge und Erklärungen einer Partei, die zugestellt werden sollen, bei dem Gerichte schriftlich einzureichen oder mündlich zum Protokoll des Gerichtsschreibers anzubringen. Eines Antrages auf Zustellung bedarf es (laut Begr.) nicht, sondern das Gericht hat von Amtswegen die Notwendigkeit der Zustellung zu prüfen. Die Partei soll jedoch den Schriftsätzen, die sie bei dem Gerichte einreicht, die für die Zustellung erforderliche Zahl von Abschriften beifügen. Widrigenfalls sind nach § 79 Abs. 1 Nr. 1, 86 Abs. 2 n. F. GK. die erforderlichen Abschriften auf Kosten der Partei anzufertigen.

Die Mitteilung von Anträgen und Erklärungen kann nach § 496 Abs. 5 n. F. CP. auf Bestimmung des Gerichtes auch ohne besondere Form, etwa brieflich, erfolgen, sei es von Seite des Gerichtsschreibers, sei es unmittelbar von Partei zu Partei. Eine Verpflichtung zu vorbereitenden Mitteilungen besteht nach § 129 Abs. 2 CP. überhaupt nicht (vgl. § 39 I.).

III. Soll durch eine von Amtswegen zu bewirkende Zustellung, wie z. B. durch diejenige der Klage, eine Frist gewahrt oder die Verjährung unterbrochen werden, so tritt nach § 496 Abs. 3 n. F. CP. diese Wirkung, vorausgesetzt daß die Zustellung demnächst erfolgt, schon mit der Einreichung oder Anbringung des Antrages oder der Erklärung ein. In jeder anderen Hinsicht ist, wie § 498 Abs. 2 n. F. CP. zeigt, der Zeitpunkt der wirklichen Zustellung maßgebend. Vgl. § 207 CP. und S. 144 fg.

IV. Die Ausfertigung der Urteile darf zwar nach § 317 Abs. 2 CP. erst erteilt werden, wenn das vollständig abgefaßte oder nach § 313 Abs. 3 n. F. CP. in abgekürzter Form hergestellte Urteil von dem Richter unterschrieben ist, sie erfolgt aber nach § 496 Abs. 6 n. F. CP., falls nicht von der Partei ein anderes beantragt wird, mit Weglassung des Tatbestandes und der Entscheidungsgründe. In den Wirkungen steht die Zustellung einer solchen Ausfertigung derjenigen des vollständigen Urteils gleich.

V. Wegen des Amtsbetriebes finden laut § 497 Abs. 1 n. F. CP. Ladungen durch die Parteien nicht statt. Die erforderlichen Termine werden auch ohne einen darauf gerichteten Antrag von Amtswegen bestimmt, und sodann die Parteien zu dem Termin durch den Gerichtsschreiber von Amtswegen geladen. Ist der Termin in einer verkündeten Entscheidung bestimmt, so ist nach § 218 n. F. CP. eine Ladung der Parteien nicht erforderlich mit Ausnahme des ob. zu § 41 II. erörterten Falls, wenn das persönliche Erscheinen einer Partei angeordnet wird. Ferner ist nach § 497 Abs. 2 n. F. CP. die Ladung einer Partei nicht erforderlich, wenn ihr bei Einreichung der Klage oder des sonstigen Antrages, auf Grund dessen die Terminsbestimmung stattfindet, der Termin in formloser Weise, wenn auch nur mündlich, mitgeteilt worden ist. Die erfolgte Mitteilung ist zu den Akten zu vermerken.

Durch die Vorschriften des § 497 n. F. CP. werden die Parteien nicht gehindert, gemäß § 251 CP. das Verfahren ruhen zu lassen (s. § 45 V.). Will aber eine Partei das durch Nichterscheinen beider Parteien in einem zur mündlichen Verhandlung bestimmten Termine zur Ruhe gekommene Verfahren wieder in Gang bringen, so muß sie nach § 503 n. F. CP. die Ansetzung eines neuen Verhandlungstermins beantragen.

VI. Dem Beklagten ist nach § 498 Abs. 1 n. F. CP. mit der Ladung zu dem durch die Anbringung der Klage veranlaßten Termin die Klageschrift oder das die Klage enthaltende Protokoll (s. ob. II.) zuzustellen. Die Erhebung der Klage erfolgt (entspr. § 253 Abs. 1 CP.) erst durch diese Zustellung, und erst mit ihr treten daher die Wirkungen der Klageerhebung (s. § 47 V.) ein, jedoch mit Vorbehalt der Vorschrift in § 496 Abs. 3 n. F. CP. (s. ob. III.).

Die Einlassungsfrist beträgt nach § 499 n. F. CP. mindestens drei Tage, wenn die Zustellung an einem Orte erfolgt, der Sitz des Prozeßgerichtes ist oder im Bezirke des Prozeßgerichtes liegt oder von dem ein Teil zu diesem Bezirke gehört; mindestens eine Woche, wenn die Zustellung an einem anderen Orte innerhalb des Deutschen Reiches erfolgt. In Meß- und Marktsachen beträgt sie mindestens 24 Stunden. Diese Vorschriften sind gegeben in Rücksicht auf größere Orte, in denen, wie namentlich in Berlin, mehrere selbständige Amtsgerichte bestehen. Im Anschlusse daran ermächtigt ferner Art. V der Novelle den Bundesrat, durch eine Bekanntmachung im Reichs-Gesetzblatte zu bestimmen, daß benachbarte Orte, z. B. Berlin und die Vororte, im Sinn des § 499 (und 604) n. F. CP. als Ein Ort zu betrachten seien.

Muß die Zustellung der Klage im Auslande geschehen, so ist nach § 262 Abs. 2 CP. die Einlassungsfrist bei der Terminsbestimmung festzusetzen.

Der durch die Klage veranlaßte Termin zur mündlichen Verhandlung soll gemäß § 261 Abs. 2 CP. nur soweit hinausgerückt werden, als es zur Wahrung der Einlassungsfrist geboten erscheint. Dies folgt aus § 495 CP. und der Streichung des § 261 Abs. 2 CP. in dem jetzt den § 508 CP. ersetzenden § 507 n. F. CP.

VII. An ordentlichen, d. h. zufolge einer allgemeinen Anordnung des Gerichtes zur Verhandlung bürgerlicher Rechtsstreitigkeiten bestimmten, Gerichtstagen können nach § 500 Abs. 1 n. F. CP. die Parteien auch ohne vorgängige

Terminsbestimmung und Ladung zur Verhandlung des Rechtsstreites vor Gericht erscheinen. Nach § 500 Abs. 2 n. F. CP. erfolgt in diesem Fall die Erhebung der Klage durch ihren mündlichen Vortrag. Bleibt die Sache streitig, so ist die Klage zu Protokoll zu nehmen.

VIII. Zur Erzielung möglichster Beschleunigung des Verfahrens kann nach § 501 Abs. 1 n. F. CP. das Gericht schon vor der mündlichen Verhandlung vorbereitende Anordnungen treffen, die nach der Klageschrift oder den vorbereitenden Schriftsätzen zur Aufklärung des Sachverhältnisses dienlich erscheinen. Es kann insbesondere:

1. den Parteien die Vorlegung der in ihren Händen befindlichen Urkunden, worauf sie sich bezogen haben, sowie die Vorlegung von Stammbäumen, Plänen, Rissen und sonstigen Zeichnungen aufgeben (vgl. § 142 CP.);
2. öffentliche Behörden oder öffentliche Beamte um Mitteilung von Urkunden, worauf eine Partei sich bezogen hat, ersuchen (vgl. § 432 Abs. 1 CP.);
3. amtliche Auskünfte von öffentlichen Behörden oder öffentlichen Beamten einziehen (vgl. ob. zu § 63 IV.);
4. Zeugen, worauf eine Partei sich bezogen hat, sowie Sachverständige zur mündlichen Verhandlung laden;
5. das persönliche Erscheinen der Parteien anordnen (vgl. § 141 CP.);
6. die Einnahme des Augenscheins sowie die Begutachtung durch Sachverständige anordnen (vgl. § 144 CP.).

Vor einer mündlichen Verhandlung, worin sich zufolge einander widersprechender Anträge der Parteien der Anspruch des Klägers als streitig herausgestellt hat, soll jedoch nach § 501 Abs. 2 n. F. CP. eine der unter Nr. 4—6 bezeichneten Anordnungen nur ergehen, wenn der Beklagte in einem vorbereitenden Schriftsatze dem Klagantrage widersprochen hat und demnach eine streitige mündliche Verhandlung zu erwarten ist.

Von einer kraft § 501 Abs. 1 getroffenen Anordnung sind nach § 501 Abs. 3 n. F. CP. die Parteien bezw., soweit sie durch Prozeßbevollmächtigte vertreten sind, entspr. § 176 CP. (laut Begr.) diese Prozeßbevollmächtigten zu benachrichtigen, was (laut Begr.) formlos geschehen kann. Wird das persönliche Erscheinen einer Partei angeordnet, so ist sie gemäß § 141 Abs. 1 n. F. CP. stets persönlich zu laden (vgl. ob. zu § 41 II.).

Solche der mündlichen Verhandlung vorausgehende Anordnungen sind aber eben nur vorbereitend. Die Vernehmung der geladenen Zeugen oder eine sonstige Beweisaufnahme darf (laut Begr.) erst erfolgen, wenn sie auf Grund der mündlichen Verhandlung durch Beweisbeschluß angeordnet ist. Eine Ausnahme macht die angeordnete Einnahme des Augenscheins oder der Begutachtung durch Sachverständige, die nach der Fassung der Nr. 6 schon vor der mündlichen Verhandlung stattfinden kann. Für sie wird denn auch nach § 22a n. F. GK. als für eine Beweisaufnahme die Beweisgebühr erhoben; im übrigen sind die auf Grund von § 501 Abs. 1 n. F. CP. getroffenen Anordnungen gebührenfrei.

Beschließt das Gericht auf Grund der mündlichen Verhandlung eine Beweiserhebung, so soll, wiederum zu möglichster Beschleunigung des Verfahrens, nach § 509 n. F. CP. die Aufnahme des Beweises, soweit tunlich, sofort in demselben Termin erfolgen; insbesondere sollen Zeugen und Sachverständige, wenn sie, namentlich infolge einer Anordnung nach § 501 Abs. 1 Nr. 4 n. F. CP., zur Stelle sind oder ihre unverzügliche Gestellung, etwa weil sie am Gerichtssitze wohnen, möglich ist, sofort vernommen werden.

IX. Für die mündliche Verhandlung gelten im wesentlichen dieselben Regeln wie im landgerichtlichen Verfahren; nur ist alles weit formloser. Namentlich sind laut § 507 n. F. CP., wie schon bisher nach § 508 CP., die Vorschriften über die Verlesung der Sachanträge der Parteien (§ 297 CP.) und über das vorbereitende Verfahren in Rechnungssachen und ähnlichen Prozessen (§ 348—354 CP.) im amtsgerichtlichen Verfahren nicht anwendbar. Ferner hat der Amtsrichter eine weitergehende Pflicht der Ausübung des Aufklärungsrechtes. Er hat nämlich nach § 502 Abs. 1 n. F. CP. in der mündlichen Verhandlung das Sach- und Streitverhältnis mit den Parteien zu erörtern, d. h. mittels Frage und Antwort in geeigneter erschöpfender Weise durchzusprechen, und dahin zu wirken, daß sie sich über alle erheblichen Tatsachen vollständig erklären und die sachdienlichen (Prozeß- und Sach-) Anträge stellen. Auch darf nach § 510 n. F. CP. (wie bisher nach § 507 CP.) eine Urkunde wegen unterbliebener Erklärung des Gegners über die Echtheit nur dann als anerkannt behandelt werden, wenn jener vom Gerichte zur Erklärung über die Echtheit aufgefordert war. Dagegen ist der Grundsatz der Mündlichkeit abgeschwächt durch die Vorschrift in § 502 Abs. 2 n. F. CP., daß eine Bezugnahme auf Schriftstücke zulässig ist, soweit keine der Parteien widerspricht und das Gericht sie für angemessen hält.

Die Regel, daß der Beklagte seine verzichtbaren prozeßhindernden Einreden zur Vermeidung des Ausschlusses der verspäteten gleichzeitig und vor dem Beginn seiner mündlichen Verhandlung zur Hauptsache vorbringen muß, gilt nach § 504 n. F. CP. im amtsgerichtlichen Verfahren nur insoweit, als die Einrede der Unzuständigkeit des Gerichtes und die Einrede, daß über die Streitsache durch Schiedsrichter zu entscheiden sei, vor der Verhandlung zur Hauptsache geltend zu machen sind. (Vgl. § 49 II. A a. E.). Auf seine sachliche Unzuständigkeit hat nach § 504 Abs. 2 CP. das Gericht den Beklagten vor dem Beginn seiner Verhandlung zur Hauptsache aufmerksam zu machen. Diese Verhandlung darf aber nach § 504 Abs. 3 CP. der Beklagte auf Grund prozeßhindernder Einreden nicht verweigern, und zu einem besonderen Verfahren über diese Einreden kommt es nur dann, wenn das Gericht (auf Antrag oder von Amtswegen) die abgesonderte Verhandlung darüber anordnet. (Vgl. § 51 II.).

Eine Besonderheit des amtsgerichtlichen Verfahrens ist ferner die schon zu § 47 III. angegebene Vorschrift des § 510 b n. F. CP.

X. Fehlt es dem angegangenen Amtsgerichte an der sachlichen oder örtlichen Zuständigkeit für die erhobene Klage, so hat es nach § 505 Abs. 1 n. F. CP., falls das zuständige (ordentliche) Gericht bestimmt werden kann, auf Antrag des Klägers durch Beschluß sich für unzuständig zu erklären und den Rechtsstreit an das zuständige (Amts- oder Land-) Gericht zu verweisen. Sind mehrere Gerichte zuständig, so erfolgt die Verweisung an das von dem Kläger gewählte Gericht. Mit der Verkündung dieses unanfechtbaren und für das darin bezeichnete Gericht bindenden Beschlusses gilt nach § 505 Abs. 2 n. F. CP. der Rechtsstreit als bei diesem Gerichte anhängig, wie wenn die Klage von vornherein bei ihm erhoben worden wäre. Die im Verfahren vor dem angegangenen Gerichte erwachsenen Kosten werden nach § 505 Abs. 3 n. F. CP. als Teil der bei dem im Beschlusse bezeichneten Gericht erwachsenden behandelt (vgl. hierzu § 30 n. F. GK.); die zufolge der ursprünglichen Angehung des unzuständigen Gerichtes entstandenen Mehrkosten sind aber dem Kläger auch dann aufzuerlegen, wenn er in der Hauptsache obsiegt. Stellt der Kläger keinen Antrag auf Verweisung, oder kann das zuständige Gericht nicht bestimmt werden, oder ist es endlich ein besonderes Gericht, z. B. ein Gewerbe- oder Kaufmannsgericht, so muß (laut Begr.) das angegangene Amtsgericht seine Unzuständigkeit durch Urteil aussprechen.

Hat das angegangene Amtsgericht die sachliche Zuständigkeit für die Klage in ihrer ursprünglichen Gestalt, erhält aber der Rechtsstreit in seinem Verlaufe, sei es durch zulässige Erweiterung oder Änderung des Klagantrages (§ 268 Nr. 2, 3 CP.), sei es durch Erhebung einer Widerklage, sei es endlich zufolge einer Zwischen-Feststellungsklage (§ 280 CP.), einen Gegenstand, der zur sachlichen Zuständigkeit der Landgerichte gehört, so erstreckt sich, falls diese keine ausschließliche ist, (nach § 4, 5, 263 Nr. 2 CP.) die Zuständigkeit des Amtsgerichtes zwar auch auf diesen Gegenstand; allein da keiner Partei zugemutet werden kann, über einen solchen Gegenstand das Amtsgericht in erster Instanz entscheiden zu lassen, so kann nach § 506 Abs. 1 n. F. CP. in der mündlichen Verhandlung sowohl die eine wie die andere vor weiterer Verhandlung zur Hauptsache die Verweisung des ganzen Rechtsstreites an das übergeordnete Landgericht beantragen. Geschieht das, so verliert das Amtsgericht die sachliche Zuständigkeit für den Rechtsstreit und muß wie im Fall des § 505 n. F. CP. durch Beschluß sich für unzuständig erklären und den Rechtsstreit an jenes Landgericht verweisen. Mit der Verkündung dieses auch hier unanfechtbaren und für das Landgericht bindenden Beschlusses gilt nach § 506 Abs. 2 n. F. CP.

der Rechtsstreit als nunmehr bei dem Landgerichte anhängig und setzt sich bei ihm in der Lage fort, worin er sich zur Zeit der Verweisung befand. Die im Verfahren vor dem Amtsgerichte erwachsenen Kosten werden auch hier als Teil der bei dem Landgerichte erwachsenden behandelt (vgl. auch hier § 30 n. F. GK.).

Wird nach Einlegung des Einspruches gegen ein Versäumnisurteil des Amtsgerichtes eine Verweisung des Rechtsstreites an ein anderes Gericht nach § 505 oder § 506 n. F. CP. beantragt, so darf nach § 508 Abs. 3 n. F. CP. die Verweisung nur geschehen, wenn das Amtsgericht den Einspruch für zulässig erachtet. Seine (stillschweigend in dem Verweisungsbeschlusse liegende oder vor der Erlassung dieses Beschlusses durch Zwischenurteil ausgesprochene) Entscheidung, daß der Einspruch zulässig sei, ist für das Gericht, an das der Rechtsstreit verwiesen wird, bindend. Im Fall der Unzulässigkeit des Einspruches hat ihn nach § 341 CP. das Amtsgericht durch Endurteil als unzulässig zu verwerfen.

XI. Wer eine Klage zu erheben beabsichtigt, kann nach § 510c Abs. 1 n. F. CP. bei demjenigen Amtsgerichte, bei welchem der Gegner seinen allgemeinen Gerichtsstand hat, unter Angabe des Gegenstandes seines Anspruches die Bestimmung eines Termins zum Zwecke eines Sühneversuches beantragen. Der Antrag ist nach § 496 Abs. 2 n. F. CP. entweder schriftlich einzureichen oder mündlich zum Protokoll des Gerichtsschreibers anzubringen. Nach der Bestimmung des Termins werden gemäß § 497 n. F. CP. die Parteien durch den Gerichtsschreiber geladen. Erscheinen beide Parteien und wird ein Vergleich geschlossen, so ist er nach § 510c Abs. 2 Satz 1 n. F. CP. durch das Protokoll festzustellen. Kommt aber kein Vergleich zustande, so wird nach § 510c Abs. 2 Satz 2 n. F. CP., wenn beide Parteien darauf antragen, der Rechtsstreit sofort verhandelt. Die Erhebung der Klage geschieht in diesem Fall, ebenso wie in demjenigen des § 500 n. F. CP. (s. ob. VII.), durch ihren mündlichen Vortrag. Auch ist hier wie dort, falls die Sache streitig bleibt, die Klage zu Protokoll zu nehmen. Ist der Gegner nicht erschienen, oder bleibt der Sühneversuch ohne Erfolg, so werden nach § 510c Abs. 3 n. F. CP. die erwachsenen Kosten (s. § 41 GK., § 37 RAGeb.) als Teil der Kosten des nunmehr entstehenden Rechtsstreites behandelt.

§ 73 (S. 374 ff.).

Die Abfassung der Versäumnisurteile ist erleichtert durch § 313 Abs. 3 n. F. CP. S. ob. zu § 69 I.

§ 74 II. (S. 384).

Die Einspruchsfrist beträgt nach § 508 Abs. 2 n. F. CP. im amtsgerichtlichen Verfahren nur Eine Woche.

Die Einlegung des Einspruches geschieht nach § 340 Abs. 1 n. F. CP. im Anwaltsprozesse wie im Parteiprozesse durch Einreichung der Einspruchsschrift bei dem Prozeßgerichte; im Parteiprozesse kann sie (laut KBer.) gemäß § 496 Abs. 2 n. F. CP. auch durch mündliche Erklärung zum Protokoll des Gerichtsschreibers geschehen. Die Einspruchsschrift bezw. die Erklärung zu Protokoll muß nach § 340 Abs. 2 n. F. CP. als wesentliche Stücke die Bezeichnung des Urteils, gegen welches der Einspruch gerichtet ist, und die Erklärung, daß gegen dieses Urteil Einspruch eingelegt werde, enthalten. Sie soll nach § 340 Abs. 3 n. F. CP. außerdem dasjenige enthalten, was zur Vorbereitung der mündlichen Verhandlung über die Hauptsache erforderlich ist. Der Termin zur mündlichen Verhandlung über den Einspruch und die Hauptsache ist nach § 340a n. F. CP. von Amtswegen zu bestimmen und den Parteien bekannt zu machen. Mit dieser Bekanntmachung ist der Gegenpartei die Einspruchsschrift bezw. im amtsgerichtlichen Verfahren die sie ersetzende Erklärung zu Protokoll von Amtswegen zuzustellen. Die für die Zustellung erforderliche Zahl von beglaubigten (im Parteiprozesse einfachen?) Abschriften soll die Partei mit der Einspruchsschrift einreichen. Widrigenfalls sind sie nach § 79 Abs. 1 Nr. 1, 86 Abs. 2 n. F. GK. auf Kosten der Partei anzufertigen.

Von der Bekanntmachung des Verhandlungstermins läuft entspr. § 520 Abs. 2 n. F. CP., § 555 Abs. 2 CP. 05 für die Gegenpartei die Ladungsfrist (§ 217 CP.). S. ob. zu § 34 III.

§ 82.

III. (S. 418fg.). Die Einlegung der Berufung geschieht nach § 518 Abs. 1 n. F. CP. (wie schon nach der Novelle vom 5. Juni 1905 die Einlegung der Revision) nicht mehr durch Zustellung eines Schriftsatzes, sondern durch Einreichung der Berufungsschrift bei dem Berufungsgerichte. Sie muß nach § 518 Abs. 2 n. F. CP. die Bezeichnung des angefochtenen Urteils und die Erklärung, daß gegen dieses Urteil Berufung eingelegt werde, enthalten. Sie soll nach § 519 CP. außerdem den allgemeinen Vorschriften über die vorbereitenden Schriftsätze entsprechen und als vorbereitender Schriftsatz insbesondere angeben, wieweit der Berufungskläger in der mündlichen Verhandlung das Urteil anfechten, welche Anträge auf Abänderung des Urteils („Berufungsanträge") er stellen, und welche neuen Tatsachen und Beweismittel er geltend machen will. Mit der Berufungsschrift soll nach § 518 Abs. 3 n. F. CP. dem

Berufungsgerichte eine Ausfertigung oder beglaubigte Abschrift des angefochtenen Urteils vorgelegt werden.

In Rücksicht auf die veränderte Form der Einlegung der Berufung ist in § 516 Abs. 2 n. F. CP. (ebenso wie in § 552 Abs. 2 CP. 05) der Satz: „Die Berufung kann gleichzeitig mit der Zustellung des Urteils eingelegt werden" gestrichen. Desgleichen in § 544 Abs. 1 n. F. CP. die Worte „zum Zwecke der Terminsbestimmung".

Der Termin zur mündlichen Verhandlung über die Berufung ist nach § 520 Abs. 1 n. F. CP. von Amtswegen zu bestimmen und den Parteien bekannt zu machen. Mit dieser Bekanntmachung ist dem Berufungsbeklagten die Berufungsschrift von Amtswegen zuzustellen. Die dazu erforderliche Zahl von beglaubigten Abschriften der Berufungsschrift soll der Berufungskläger mit dieser einreichen; widrigenfalls sind sie nach § 79 Abs. 1 Nr. 1, 86 Abs. 2 n. F. GK. auf seine Kosten anzufertigen. In der Bekanntmachung soll der Berufungsbeklagte, wenn die Zustellung nicht an einen Rechtsanwalt erfolgt, darauf hingewiesen werden, daß er sich vor dem Berufungsgerichte durch einen bei diesem Gerichte zugelassenen Rechtsanwalt vertreten lassen muß. S. ob. zu § 34 I. (S. 147).

Zwischen dem Zeitpunkte der Bekanntmachung des Verhandlungstermins und diesem Termin muß nach § 520 Abs. 2 n. F. CP. vbd. § 262 CP. jeder der Parteien eine Frist frei bleiben, die, wie die Einlassungsfrist im ordentlichen landgerichtlichen Verfahren erster Instanz, mindestens zwei Wochen, in Meß- und Marktsachen mindestens 24 Stunden beträgt. Ist die Bekanntmachung des Termins im Auslande zuzustellen, so hat der Vorsitzende die Frist bei der Bestimmung des Termins festzusetzen. Vgl. § 83 IV. (S. 447).

VII. Anm. 64 (S. 430). Wegen der Rechtsanwaltsgebühren s. jetzt § 27 Abs. 1 n. F. RAGeb.

§ 83 II. (S. 442).

Der unter Nr. 7 bezeichnete Revisionsgrund fällt bei den nach § 313 Abs. 3 n. F. CP. in abgekürzter Form hergestellten Urteilen weg. S. ob. zu § 69 I.

§ 84 V. a. E. (S. 464).

Die nur mit sofortiger Beschwerde anfechtbaren Entscheidungen können nach § 577 Abs. 3 n. F. CP. von ihrem Urheber nicht mehr abgeändert werden. Die bisherigen Ausnahmen sind gestrichen. Auch ist der durch die ursprüngliche Fassung der Civilprozeßordnung: „seiner durch Beschwerde angegriffenen Verfügung" veranlaßte Zweifel über den Sinn der Vorschrift durch die jetzige Fassung: „seiner der Beschwerde unterliegenden Entscheidung" beseitigt.

§ 85 IV. a. E. (S. 474).

Nach § 584 Abs. 2 n. F. CP. ist hier (wegen § 699 n. F. CP.) statt „das Amtsgericht, das den Befehl erlassen hat" zu setzen: „das Amtsgericht, dessen Gerichtsschreiber den Befehl erlassen hat".

§ 87.

I. Anm. 1 (S. 481). Wegen der Rechtsanwaltsgebühren s. jetzt § 19 n. F. RAGeb.

V. (S. 488 fg.). Für den Wechselprozeß gibt die Novelle neue Vorschriften über die Einlassungsfrist und die Ladungsfrist.

Nach § 604 Abs. 2 Satz 1 n. F. CP. beträgt nämlich die Einlassungsfrist mindestens 24 Stunden, wenn die Klage an dem Orte zugestellt wird, welcher Sitz des Prozeßgerichtes ist; mindestens drei Tage, wenn sie an einem anderen Orte zugestellt wird, der im Bezirke des Prozeßgerichtes oder, falls dieses ein Amtsgericht ist, im Bezirke des ihm übergeordneten Landgerichtes liegt, oder von dem ein Teil zu diesem Bezirke gehört; mindestens eine Woche, wenn die Klage sonst im Inlande zugestellt wird. Die gleiche Dauer hat nach § 604 Abs. 2 Satz 2 n. F. CP. in jedem dieser Fälle die Ladungsfrist, wenn sie nicht nach der allgemeinen Vorschrift des § 217 CP. kürzer ist. In den höheren Instanzen beträgt nach § 604 Abs. 3 n. F. CP. die Einlassungs- und Ladungsfrist mindestens 24 Stunden, wenn die Zustellung der Berufungs- oder Revisionsschrift oder der Ladung an dem Orte erfolgt, welcher Sitz des höheren Gerichtes ist; mindestens drei Tage, wenn die Zustellung an einem anderen Orte erfolgt, der ganz oder zum Teil in dem Landgerichtsbezirke liegt, in dem das höhere Gericht seinen Sitz hat; mindestens eine Woche, wenn die Zustellung sonst im Inlande erfolgt. Vgl. zu diesen Vorschriften Art. V der Novelle und ob. zu § 72 VI.

§ 88.

I. (S. 490). Für das Mahnverfahren ist nach § 689 Abs. 2 n. F. CP. dasjenige Amtsgericht zuständig, welches für eine im ordentlichen Verfahren erhobene Klage wegen des Anspruches zuständig sein würde, falls die Amtsgerichte in erster Instanz sachlich unbeschränkt zuständig wären. Also namentlich auch das Amtsgericht, bei dem der Gerichtsstand des Erfüllungsortes begründet sein würde.

Wegen der Rechtsanwaltsgebühren im Mahnverfahren (S. 490 Anm. 1) s. jetzt § 38 n. F. RAGeb.

III. (S. 492 fg.). Das Gesuch um Erlassung eines Zahlungsbefehls ist nach § 691 Abs. 2 n. F. CP. zwar nach wie vor auch dann zurückzuweisen, wenn der Zahlungsbefehl nur in Ansehung eines Teils des Anspruches nicht erlassen werden kann; vor der Zurückweisung aus diesem Grunde ist jedoch der Gläubiger zu hören.

Um den Schuldner von der Erhebung unbegründeten Widerspruches abzuhalten, erhält nach § 692 n. F. CP. der Zahlungsbefehl am Ende die Fassung: „oder, wenn er Einwendungen gegen den Anspruch habe, bei dem Gerichte Widerspruch zu erheben". Nach § 693 n. F. CP. wird der Zahlungsbefehl dem Schuldner von Amtswegen zugestellt. Mit dieser Zustellung tritt die Rechtshängigkeit des Anspruches mit ihren Wirkungen ein. Soll jedoch durch die Zustellung eine Frist gewahrt oder die Verjährung unterbrochen werden, so tritt diese Wirkung, vorausgesetzt daß die Zustellung demnächst erfolgt, schon mit der Einreichung oder Anbringung des Gesuches um Erlassung des Zahlungsbefehls ein. (Vgl. ob. zu § 72 III.) Den Gläubiger hat der Gerichtsschreiber von der Zustellung des Zahlungsbefehls (formlos) in Kenntnis zu setzen.

V. (S. 495). Ist von Seite des Schuldners rechtzeitig Widerspruch erhoben, so wird nach § 696 Abs. 1 n. F. CP. die Zustellung des Zahlungsbefehls stets als die Erhebung einer seinem Inhalte entsprechenden Klage auf Verurteilung wegen des Anspruches bei dem Amtsgerichte behandelt, das den Befehl erlassen hat. Termin zur mündlichen Verhandlung wird jedoch nach § 696 Abs. 2 n. F. CP. nur auf Antrag einer Partei bestimmt, den der Gläubiger schon in dem Gesuche um Erlassung des Zahlungsbefehls, der Schuldner (laut Begr.) in Verbindung mit dem Widerspruche stellen kann. Nach der Bestimmung des Termins werden gemäß § 496, 497 n. F. CP. die Parteien dazu von Amtswegen geladen; die Ladungsfrist (§ 217 CP.) beträgt mindestens drei Tage. Da der Zahlungsbefehl als

Klageschrift behandelt wird, so kann er nach § 696 Abs. 3 n. F. CP. zur Herstellung eines Versäumnisurteils oder Anerkenntnisurteils in abgekürzter Form gemäß § 313 Abs. 3, 317 Abs. 3 n. F. CP. benutzt werden.

Gehört eine Klage wegen des Anspruches zur sachlichen Zuständigkeit der Landgerichte, so hat nach § 697 n. F. CP. das Amtsgericht, wenn eine Partei vor der Verhandlung zur Hauptsache darauf anträgt (vgl. hiezu § 504 Abs. 2 CP.), sich durch Beschluß für unzuständig zu erklären und den Rechtsstreit an das übergeordnete Landgericht zu verweisen. Ist der Antrag schon in dem Gesuche um die Erlassung des Zahlungsbefehls gestellt oder mit dem Widerspruche verbunden worden, so kann die Entscheidung über den Antrag ohne vorgängige mündliche Verhandlung erfolgen. Wird die Verweisung beschlossen, so gilt, falls der Beschluß auf Grund mündlicher Verhandlung ergangen ist, mit seiner Verkündung, falls er ohne vorgängige mündliche Verhandlung ergangen ist, mit seiner Zustellung der Rechtsstreit als bei dem Landgerichte anhängig. Der Verweisungsbeschluß ist unanfechtbar und für das Landgericht bindend. Die im Verfahren vor dem Amtsgerichte erwachsenen Kosten werden als Teil der bei dem Landgerichte erwachsenden behandelt (vgl. § 30 n. F. GK.). Vgl. hiezu ob. zu § 72 X.

Mit Rücksicht auf diese neuen Vorschriften in § 696, 697 n. F. CP. ist § 698 Abs. 2 CP. gestrichen.

VI. (S. 496 fg.). Nach Ablauf der im Zahlungsbefehl bestimmten Frist ist er, wie bisher, laut § 699 Abs. 1 Satz 1 n. F. CP. auf Gesuch des Gläubigers[1] für vor-

---

[1] Da jetzt auch im Mahnverfahren der Amtsbetrieb besteht, der Zahlungsbefehl sich also bei den Gerichtsakten befindet, so wird dieses Gesuch mit dem Gesuche um Erlassung des Zahlungsbefehls verbunden werden können.

läufig vollstreckbar zu erklären, falls nicht vor der Vollstreckbarkeitserklärung von dem Schuldner Widerspruch erhoben ist. Die Vollstreckbarkeitserklärung geschieht aber nach § 699 Abs. 1 Satz 2 n. F. CP. nicht mehr durch einen von dem Richter, sondern durch einen von dem Gerichtsschreiber unter den Zahlungsbefehl gesetzten Vollstreckungsbefehl, in den nach § 699 Abs. 1 Satz 3 n. F. CP. die von dem Gläubiger zu berechnenden Kosten des bisherigen Verfahrens aufzunehmen sind, soweit sie noch nicht in den Zahlungsbefehl Aufnahme gefunden haben. Will der Gerichtsschreiber dem Gesuche des Gläubigers nicht entsprechen, so hat er nach § 699 Abs. 2 n. F. CP. das Gesuch dem Gerichte zur Entscheidung vorzulegen. Hält dieses die Vollstreckbarkeitserklärung für statthaft, so hat es (laut Begr.) den Gerichtsschreiber zur Erlassung des Vollstreckungsbefehls anzuweisen. Hält es sie nicht für statthaft, so hat es das Gesuch durch Beschluß zurückzuweisen. Dieser Beschluß unterliegt der sofortigen Beschwerde.

VII. (S. 497 ff.). Der Vollstreckungsbefehl steht nach § 700 Satz 1 n. F. CP., wie bisher, einem für vorläufig vollstreckbar erklärten Versäumnisendurteil gleich. Deshalb gelten für seine Zustellung an den Schuldner die gleichen Grundsätze wie für diejenige eines amtsgerichtlichen Versäumnisurteils. Sie geschieht demnach laut § 699 Abs. 1 Satz 4 n. F. CP., gemäß § 496 Abs. 1 n. F. vbd. § 317 Abs. 1 CP., auf Betreiben des Gläubigers. Nach § 699 Abs. 1 Satz 5 n. F. CP. hat aber, entspr. § 508 Abs. 1 n. F. CP., der Gerichtsschreiber die Zustellung für den Gläubiger auch ohne Auftrag zu besorgen, falls dieser oder sein Vertreter nicht erklärt hat, selbst einen Gerichtsvollzieher mit der Zustellung beauftragen zu wollen.

Ferner kann nach § 700 Satz 2 n. F. CP. in gleicher Weise wie gegen ein amtsgerichtliches Versäumnisurteil, also entspr. § 508 Abs. 2 n. F. CP. innerhalb einer einwöchigen Einspruchsfrist, gegen den Vollstreckungsbefehl Einspruch eingelegt und dadurch der versäumte Widerspruch gegen den Zahlungsbefehl nachgeholt werden. Gehört eine Klage wegen des Anspruches zur sachlichen Zuständigkeit der Landgerichte, so darf nach § 700 Satz 3 n. F. CP. der Rechtsstreit nur dann nach § 697 n. F. CP. an das Landgericht verwiesen werden, wenn das Amtsgericht den Einspruch für zulässig erachtet. Der Verweisungsbeschluß ist auch hier nach § 697 vbd. § 505 Abs. 2 n. F. CP. unanfechtbar und für das Landgericht bindend; mithin laut § 700 Satz 4 n. F. CP. auch die Entscheidung des Amtsgerichtes, durch welche der Einspruch zugelassen wird. Vgl. ob. zu § 72 X. a. E.

§ 89 V. Nr. 1 (S. 510fg.).

Zu dem Sühneversuche hat nach § 609 Abs. 1, 610 Abs. 2 n. F. CP. der Kläger nicht mehr den Beklagten zu laden, sondern er hat wegen des jetzt bei den Amtsgerichten geltenden Amtsbetriebes (§ 496, 497 n. F. CP.) nur bei dem Amtsgerichte die Anberaumung eines Sühnetermins zu beantrageu.

§ 92.

II. (S. 532). Den in § 794 CP. aufgezählten Vollstreckungstiteln sind in der neuen Fassung (wegen § 104 n. F. CP.) als Nr. 2a die Kostenfestsetzungsbeschlüsse beigefügt.

III. (S. 534). Nach § 788 Abs. 1 Satz 2 n. F. CP. gelten als Kosten der Zwangsvollstreckung auch die Kosten der Ausfertigung und der Zustellung des Urteils.

§ 94.

III. (S. 552 fg.). Aus einem Kostenfestsetzungsbeschlusse, der gemäß § 105 n. F. CP. auf das Urteil gesetzt ist, geschieht nach § 795a n. F. CP. die Zwangsvollstreckung auf Grund einer vollstreckbaren Ausfertigung des Urteils, ohne daß es einer besonderen Vollstreckungsklausel für den Festsetzungsbeschluß bedarf.

Für Klagen auf Erteilung der Vollstreckungsklausel zu einem Vollstreckungsbefehl und für die übrigen in § 796 Abs. 3 CP. genannten Klagen ist in der neuen Fassung dieser Gesetzesstelle wegen § 699 n. F. CP. als zuständig das Amtsgericht bezeichnet, dessen Gerichtsschreiber den Vollstreckungsbefehl erlassen hat.

IV. (S. 553). Nach § 797 Abs. 1 n. F. CP. wird die vollstreckbare Ausfertigung einer gerichtlichen Urkunde von dem Gerichtsschreiber desjenigen Gerichtes erteilt, welches die Urkunde verwahrt.

§ 95 I. a. E. (S. 558 fg.).

Nach § 798 n. F. CP. darf aus einem Kostenfestsetzungsbeschlusse, der nicht gemäß § 105 n. F. CP. auf das Urteil gesetzt ist, und aus einer vollstreckbaren gerichtlichen oder notariellen Urkunde (§ 794 Nr. 5 CP.) die Zwangsvollstreckung nur beginnen, wenn der Vollstreckungstitel mindestens drei Tage vorher zugestellt ist.

§ 96 II. (S. 564).

In § 759 n. F. CP. sind die Wörter „großjährige Männer" durch „erwachsene Personen" ersetzt.

§ 110 (S. 624).

Das Verbot der Eintragung einer Zwangshypothek auf Grund eines Vollstreckungsbefehls ist durch § 866 Abs. 3 n. F. CP. beseitigt.

§ 122 II. (S. 706 ff.).

Nach § 888a n. F. CP. ist die Zwangsvollstreckung nach Maßgabe der § 887, 888 CP. ausgeschlossen, wenn im amtsgerichtlichen Verfahren der zur Vornahme einer Handlung verurteilte Beklagte nach § 510b n. F. CP. für den Fall nicht rechtzeitiger Vornahme der Handlung zur Zahlung einer Entschädigung verurteilt ist. S. ob. zu § 47 III.

§ 123.

I. (S. 712). Behufs der Abnahme eines nach den Vorschriften der Civilprozeßordnung (oder der Konkursordnung) zu leistenden Offenbarungseides beginnt nach § 900 Abs. 1 Satz 1 n. F. CP. (wegen des jetzt bei den Amtsgerichten geltenden Amtsbetriebes) das Verfahren mit dem Antrage des Gläubigers auf Bestimmung eines Termins zur Leistung des Offenbarungseides, wozu gemäß § 496, 497 n. F. CP. der Schuldner von Amtswegen zu laden ist. Dem Antrage sind nach § 900 Abs. 1 Satz 2 n. F. CP. der Vollstreckungstitel und die sonstigen Urkunden beizufügen, aus denen sich die Verpflichtung des Schuldners zur Leistung des Eides ergibt.

II. (S. 713). Die Vorschriften in § 915 Abs. 2, 3 CP. sind durch die neue Fassung folgendermaßen geändert: Sind seit dem Schlusse des Jahres, in dem die Eintragung in das Verzeichnis (die sog. schwarze Liste) bewirkt ist, fünf Jahre verstrichen, so ist die Eintragung dadurch zu löschen, daß der Name unkenntlich gemacht oder das Verzeichnis vernichtet wird. Die Einsicht des Verzeichnisses ist Jedermann gestattet; auch hat der Gerichtsschreiber auf Antrag über das Bestehen oder Nichtbestehen einer Eintragung Auskunft zu erteilen.

§ 124 I. (S. 714).

Nach Art. 24 des Haager Abkommens (s. ob. zu § 4) darf sowohl die Zwangshaft wie die Sicherungshaft gegen die Ausländer, die einem der Vertragsstaaten angehören, nur in den Fällen angewendet werden, in denen sie auch gegen Landesangehörige anwendbar sein würde. Auch bezüglich der Gründe der Aufhebung der Haft stehen die Angehörigen aller Vertragsstaaten den Inländern gleich.

§ 126.

I. (S. 723). Zu Anm. 8 vgl. Art. 24 des Haager Abkommens (s. ob. zu § 124 I.). In Anm. 10 ist statt § 29 Nr. 4, 30 Nr. 2 RAGeb. jetzt § 28 n. F. RAGeb. zu setzen.

III. (S. 727 fg.). Die Erhebung des Widerspruches gegen den als Beschluß ergangenen Arrestbefehl geschieht nach § 924 Abs. 2 n. F. CP. in der bisherigen Weise nur noch dann, wenn das Arrestgericht ein Kollegialgericht ist. Ist es ein Amtsgericht, so ist (wegen des bei den Amtsgerichten geltenden Amtsbetriebes) der Widerspruch unter Angabe der Gründe, die für die Aufhebung des Arrestes geltend gemacht werden sollen, (gemäß § 496 Abs. 2 n. F. CP.) schriftlich oder zum Protokoll des Gerichtsschreibers zu erheben; das Gericht hat (gemäß § 497 n. F. CP.) den Termin zur mündlichen Verhandlung von Amtswegen zu bestimmen und die Parteien dazu von Amtswegen, mit Vorbehalt der Vorschrift des § 497 Abs. 2 n. F. CP., zu laden.

V. Nr. 2 (S. 731). Nach § 929 Abs. 2 n. F. CP. ist die Vollziehung des Arrestes nicht mehr statthaft, wenn seit dem Tage, an dem der Arrestbefehl verkündet oder als Beschluß dem Gläubiger zugestellt ist, ein Monat (bisher zwei Wochen) verstrichen ist. (Demnach ist S. 731 Nr. 3 statt „zweiwöchigen Frist" zu setzen „Monatsfrist".)

§ 128 I. (S. 128).

Wegen der baren Auslagen s. jetzt § 79—80b n. F. GK. Es sind danach zu unterscheiden:

1) Auslagen, die von den Parteien im einzelnen zu ersetzen sind, wohin nach § 79 n. F. GK. außer den an Zeugen oder Sachverständigen zu zahlenden Gebühren und verwandten Auslagen namentlich auch gewisse in Abs. 1 Nr. 1 (s. auch Abs. 2) bezeichnete Schreibgebühren (über die Höhe s. § 80 n. F. GK.) und laut Nr. 2 die Telegraphengebühren und die im Fernverkehr zu entrichtenden Fernsprechgebühren gehören (die Postgebühren sind in § 79 Abs. 1 Nr. 2 n. F. GK. gestrichen). Ferner nach § 80a n. F. GK. die Auslagen, die bei von Amtswegen bewirkten (im übrigen gebührenfreien) Zustellungen durch die Zustellung im Auslande oder bei der öffentlichen Zustellung durch Bekanntmachung in öffentlichen Blättern entstehen.

2) Auslagen, die von den Parteien nicht im einzelnen zu ersetzen sind, wozu namentlich alle Postgebühren und, mit Ausnahme der in § 79 Abs. 1 Nr. 1 n. F. GK. bezeichneten, auch die Schreibgebühren gehören. Zur Dekkung dieser Auslagen werden nach § 80b n. F. GK. Pauschsätze erhoben, und zwar als Zuschläge zu allen zum Ansatze gelangenden Gebühren im engeren Sinne (Verhandlungsgebühr, Beweisgebühr, Entscheidungsgebühr usw.). Der einzelne Pauschsatz beträgt zehn vom Hundert einer zum Ansatze gelangenden Gebühr, jedoch nicht mehr als 50 Mark. Die Summe der Pauschsätze in einer Instanz beträgt mindestens 50 Pfennig und höchstens 100 Mark. Näheres in der Gesetzesstelle.

§ 129.

I. (S. 745). Nach Art. 17 Abs. 2 des Haager Abkommens (s. ob. zu § 4) darf den Angehörigen eines der Vertragsstaaten, die vor den Gerichten eines anderen dieser Staaten als Kläger auftreten, keine Vorauszahlung zur Deckung der Gerichtskosten auferlegt werden. Vgl. unt. zu § 131 II.

II. Anm. 8 (S. 746). Die Schreibgebühren (s. § 79 Abs. 1 Nr. 1 n. F. GK.) werden nach § 97 n. F. GK. sofort nach Anfertigung der Schriftstücke fällig; auch kann die Anfertigung von vorgängiger Zahlung der Gebühr abhängig gemacht werden. Schuldner der Schreibgebühr ist nach § 86 Abs. 2 n. F. GK. jedesmal der Antragsteller oder die Partei, die es unterläßt, einem von Amtswegen zuzustellenden Schriftsatze die erforderliche Zahl von Abschriften beizufügen.

§ 130.

I. (S. 749ff.). In § 91 Abs. 1, 2 n. F. CP. sind die Wörter „nach freiem Ermessen des Gerichts" und „nach dem Ermessen des Gerichts" gestrichen, weil jetzt nach § 104 Abs. 1 n. F. CP. die Kostenfestsetzung durch den Gerichtsschreiber geschieht, zunächst also sein Ermessen entscheidet.

VIII. (S. 757ff.). In Anm. 29 ist statt § 104 Abs. 1 CP. jetzt § 103 Abs. 1 n. F. CP. zu citieren. Der bisherige § 103 CP. ist gestrichen, und damit ist die durch ihn begründete Besonderheit des amtsgerichtlichen Verfahrens bezüglich der Kostenfestsetzung weggefallen. Diese Festsetzung geschieht daher jetzt nach folgenden allgemeinen Regeln:

Das Gesuch um Festsetzung des zu erstattenden Betrages ist nach § 103 Abs. 2 n. F. CP. (schriftlich oder durch mündliche Erklärung zu Protokoll) bei dem Gerichtsschreiber des Gerichtes erster Instanz anzubringen. Dem Gesuche sind der vollstreckbare Titel, falls er sich nicht bei den Akten dieses Gerichtes befindet, ferner die Kostenberechnung, eine für den Gegner bestimmte Abschrift derselben und die zur Rechtfertigung der einzelnen Ansätze dienenden Belege beizufügen. Über das Festsetzungsgesuch hat nach § 104 Abs. 1 Satz 1 n. F. CP. der Gerichtsschreiber selbständig und nach seinem Ermessen zu entscheiden. Erforderlichenfalls kann er (laut Begr.) auch eine Beweisaufnahme anordnen. Zur Berücksichtigung eines Ansatzes genügt jedoch nach § 104 Abs. 2 n. F. CP., daß er glaubhaft gemacht ist. Die Entscheidung ist nach § 104 Abs. 1 Satz 2 n. F. CP., abgesehen von den Fällen des § 105 n. F. CP., den Parteien von Amtswegen zuzustellen, dem Gegner des Gesuchstellers unter Beifügung der Abschrift der Kostenberechnung. Innerhalb einer Notfrist von zwei Wochen seit dieser Zustellung kann nach § 104 Abs. 3 Satz 1, 2 n. F. CP. jede Partei gegen den Festsetzungsbeschluß des Gerichtsschreibers (in der Form eines Gesuches: s. § 44 S. 191) Erinnerungen bei dem Gerichte erheben, dem er angehört. Nach § 104 Abs. 3 Satz 3—5 n. F. CP. kann dieses Gericht über die Erinnerungen ohne vorgängige mündliche Verhandlung entscheiden. Es kann vor der Entscheidung anordnen, daß die Vollstreckung des Festsetzungsbeschlusses (s. ob. zu § 92 II) auszusetzen sei. Gegen seine Entscheidung steht jeder Partei die sofortige Beschwerde zu, und sie ist daher nach § 577 Abs. 3 n. F. CP. für das Gericht unabänderlich. Die Entscheidung über die Erinnerungen ist nach § 47 Abs. 1

Nr. 5a n. F. GK. gebührenfrei; s. jedoch § 47 Abs. 2 n. F. GK.

Nach § 105 Abs. 1 Satz 1 n. F. CP. kann der Festsetzungsbeschluß auf das Urteil (vorausgesetzt wegen § 103 Abs. 1 n. F. CP., daß es vollstreckbar ist) und auf seine Ausfertigungen gesetzt werden, wenn bei der Anbringung des Festsetzungsgesuches noch keine Ausfertigung des Urteils erteilt ist und durch jene äußere Verbindung des Festsetzungsbeschlusses mit dem Urteil keine Verzögerung seiner Ausfertigung eintritt. Im Fall einer solchen Verbindung bildet (laut Begr.), wie im Fall des bisherigen § 103 CP., der Beschluß mit dem Urteil praktisch einen einheitlichen Vollstreckungstitel. Er wird daher nach § 105 Abs. 1 Satz 2 n. F. CP. auch nicht besonders ausgefertigt und zugestellt, sondern Urteil und Beschluß werden stets zusammen und, nach § 496 Abs. 1 n. F. CP. auch im amtsgerichtlichen Verfahren, auf Betreiben der Parteien ausgefertigt und zugestellt, und auch die Zwangsvollstreckung aus dem Beschlusse erfolgt nach § 795a n. F. CP. auf Grund einer vollstreckbaren Ausfertigung des Urteils, ohne daß es einer besonderen Vollstreckungsklausel für den Festsetzungsbeschluß bedarf. Weil aber die Parteien ein wesentliches Interesse daran haben, von der Erlassung des Festsetzungsbeschlusses alsbald Kenntnis zu erhalten, so ist nach § 105 Abs. 1 Satz 3 n. F. CP. den Parteien der festgesetzte Betrag (formlos) mitzuteilen, dem Gegner des Gesuchstellers unter Beifügung der Abschrift der Kostenberechnung. Durch diese Mitteilung wird jedoch (laut Begr.) nicht die Erinnerungsfrist des § 104 Abs. 3 Satz 2 n. F. CP. in Lauf gesetzt, sondern dieses geschieht erst durch die Zustellung des Urteils, mit dem der Festsetzungsbeschluß verbunden ist. Diese Verbindung soll übrigens nach § 105 Abs. 1 Satz 4 n. F. CP. unterbleiben, wenn dem Festsetzungsgesuche auch nur teilweise nicht entsprochen wird.

Der Anbringung eines Festsetzungsgesuches bedarf es nach § 105 Abs. 2 n. F. CP. nicht, wenn die Partei vor der Verkündung des Urteils die Berechnung ihrer Kosten eingereicht hat. Die dem Gegner mitzuteilende Abschrift der Kostenberechnung ist in diesem Fall von Amtswegen (gebührenfrei) anzufertigen. Aber auch in diesem Fall geschieht im Sinn des § 104 Abs. 1 n. F. CP. die Kostenfestsetzung durch den Gerichtsschreiber, und es gibt dagegen keine andere rechtliche Hilfe als die in § 104 Abs. 3 n. F. CP. bezeichnete. Vgl. den bisherigen § 103 Abs. 1 Satz 2 CP.

Die Vorschriften des § 105 n. F. CP. finden nach § 106 Abs. 1 Satz 3 n. F. CP. keine Anwendung, wenn die Prozeßkosten oder ein Teil davon beiden Parteien je zu einem Bruchteil auferlegt sind.

Ist dieses der Fall, so daß also jede Partei gegen die andere einen Anspruch auf Kostenerstattung hat, so hat nach § 106 Abs. 1 n. F. CP. in den Sachen, die in erster Instanz vor einem Landgerichte verhandelt worden sind, die Partei, welche die Festsetzung betreiben will, vor der Anbringung des Festsetzungsgesuches den Gegner durch Zustellung eines Schriftsatzes aufzufordern, innerhalb einer Woche seit dieser Zustellung die Berechnung seiner Kosten bei dem Gerichtsschreiber des genannten Gerichtes (s. § 103 Abs. 2 n. F. CP.) einzureichen. In den Sachen, die in erster Instanz vor einem Amtsgerichte verhandelt worden sind, ist wegen des bei den Amtsgerichten jetzt geltenden Amtsbetriebes die entsprechende Aufforderung nach der Anbringung eines Festsetzungsgesuches von dem Gerichtsschreiber dieses Amtsgerichtes zu erlassen. Nach fruchtlosem Ablaufe der einwöchigen Frist wird nach § 106

Abs. 2 n. F. CP. über das Festsetzungsgesuch ohne Rücksicht auf die Kosten des Gegners entschieden, wenn nicht ihre Berechnung noch vor der Entscheidung eingelaufen ist. Der Gegner kann die ihm zu erstattenden Kosten nachträglich besonders festsetzen lassen, muß aber die Mehrkosten tragen, die hiedurch entstehen.

Wird nach der Kostenfestsetzung der Wert des Streitgegenstandes durch eine gerichtliche Entscheidung festgesetzt, so ist nach § 107 Abs. 1 n. F. CP., falls diese Wertfestsetzung von der Wertberechnung abweicht, die der Kostenfestsetzung zugrunde liegt, diese letzte auf Gesuch entsprechend abzuändern. Über das Gesuch entscheidet (entspr. § 104 Abs. 1 vbd. § 103 Abs. 2 n. F. CP.) der Gerichtsschreiber des Gerichtes erster Instanz. Es ist nach § 107 Abs. 2 n. F. CP. bei diesem Gerichtsschreiber innerhalb eines Monats anzubringen, der von der Zustellung oder, wenn es einer solchen nicht bedarf, von der Verkündung des Wertfestsetzungsbeschlusses läuft. Gegen die Entscheidung des Gerichtsschreibers besteht nach § 107 Abs. 3 n. F. CP. die in § 104 Abs. 3 n. F. CP. bezeichnete rechtliche Hilfe.

Wegen der Gerichtsgebühren für die Kostenfestsetzung (§ 103—106 n. F. CP.) oder für ihre Abänderung (§ 107 n. F. CP.) s. § 38 Nr. 1 vbd. § 39 Abs. 1, 3 n. F. GK. Rechtsanwaltsgebühren: § 23 Nr. 1 vbd. § 30 Abs. 1 Nr. 3, Abs. 3 n. F. RAGeb.

§ 131 II. Anm. 13 (S. 762).

Nach Art. 17 des Haager Abkommens (s. ob. zu § 4) darf den Angehörigen eines der Vertragsstaaten, die in einem dieser Staaten ihren Wohnsitz haben, und die vor den Gerichten eines anderen dieser Staaten als Kläger oder Intervenienten auftreten, wegen ihrer Eigenschaft als

Ausländer oder wegen Mangels eines inländischen Wohnsitzes oder Aufenthaltes keinerlei Sicherheitsleistung oder Hinterlegung und ebensowenig eine Vorauszahlung zur Deckung der Gerichtskosten (vgl. ob. zu § 129 I.) auferlegt werden. Noch weiter gehende Vereinbarungen zwischen Vertragsstaaten, wonach ihre Angehörigen ohne Rücksicht auf den Wohnsitz von der Sicherheitsleistung für die Prozeßkosten oder von einer Vorauszahlung auf die Gerichtskosten befreit sein sollen, bleiben in Kraft. Ergeht aber in einem der Vertragsstaaten gegen einen hienach von Sicherheitsleistung, Hinterlegung oder Vorauszahlung befreiten Kläger oder Intervenienten eine rechtskräftige (s. Art. 19 Abs. 2 Nr. 2 des Abkommens) Verurteilung in die Prozeßkosten, so ist diese nach Art. 18 des Abkommens auf einen im diplomatischen Wege, oder laut Art. 18 Abs. 3 kraft besonderer Vereinbarung unmittelbar durch die beteiligte Partei, gestellten Antrag in jedem der anderen Vertragsstaaten durch die zuständige Behörde kostenfrei für vollstreckbar zu erklären. Ebenso die nachfolgende gerichtliche Entscheidung, wodurch der Betrag der Prozeßkosten festgesetzt wird. Über das dabei zu beobachtende Verfahren s. Art. 19 des Abkommens. Im Deutschen Reiche geschieht nach § 5 des Ausführungsgesetzes die Vollstreckbarkeitserklärung der bezeichneten Kostenentscheidungen ausländischer Gerichte durch Beschluß des Amtsgerichtes. Und zwar ist dafür zuständig das Amtsgericht, bei dem der Kostenschuldner seinen allgemeinen Gerichtsstand oder in Ermangelung eines solchen einen Gerichtsstand des Vermögens (§ 23 CP.) hat. Fehlt es auch an diesem Gerichtsstande, so ist nach Maßgabe der näheren Bestimmungen in § 15 CP., falls der Kostenschuldner einem Bundesstaate angehört, das Amtsgericht der Hauptstadt seines Heimatstaates, falls er keinem Bundesstaate angehört, das Amtsgericht für die Stadt Berlin zuständig. Das Amtsgericht hat nach § 6 des Ausführungsgesetzes, falls der Antrag auf Vollstreckbarkeitserklärung im diplomatischen Wege gestellt war, eine von Amtswegen zu erteilende Ausfertigung seines Beschlusses, die, falls dem Antrage stattgegeben wird, mit der Vollstreckungsklausel zu versehen ist, der Landesjustizverwaltung einzureichen. War im Fall des Art. 18 Abs. 3 des Abkommens der Antrag unmittelbar durch die Partei gestellt, so ist der Beschluß des Amtsgerichtes beiden Teilen von Amtswegen zuzustellen. Wegen der Rechtsmittel gegen die Beschlüsse, je nachdem der Antrag auf Vollstreckbarkeitserklärung abgelehnt oder ihm stattgegeben wird, s. § 7 des Ausführungsgesetzes. Aus den für vollstreckbar erklärten Kostenentscheidungen findet nach § 8 des Gesetzes die Zwangsvollstreckung gemäß den Vorschriften der Civilprozeßordnung statt; § 798 n. F. CP. kommt auch hier zu entsprechender Anwendung.

§ 9 des Gesetzes enthält eine Bestimmung über die Zuständigkeit für die gerichtlichen Entscheidungen, die über den Betrag der Gerichtskosten nach Art. 18 Abs. 2 des Abkommens zur Herbeiführung der Vollstreckbarkeitserklärung im Auslande zu erlassen sind. Vgl. § 128 I. a. E.

§ 132 I. Anm. 3 (S. 765).

Nach Art. 20 des Haager Abkommens (s. ob. zu § 4) werden die Angehörigen eines jeden der Vertragsstaaten zur Wohltat des Armenrechtes in allen anderen Vertragsstaaten ebenso wie die eigenen Staatsangehörigen zugelassen, wenn sie sich nach der Gesetzgebung des Staates richten, wo das Armenrecht nachgesucht wird. Weitere darauf bezügliche Bestimmungen s. in Art. 21—23 des Abkommens.

Buchdruckerei des Waisenhauses in Halle a. d. S.

FSC
www.fsc.org
MIX
Papier | Fördert
gute Waldnutzung
FSC® C083411

Kolibri 360 GmbH
Ferdinand-Jühlke-Straße 7
99095 Erfurt, Deutschland
produktsicherheit@kolibri360.de